Herausgeber Deutscher Werkbund Berlin e.V.

Julius Posener Werk und Wirkung

zum 100. Geburtstag

REGIOVERLAG

werk bund

Dank

Zwei Institutionen gilt es zu danken, die an der Realisierung der Veranstaltungen zum 100. Geburtstag von Julius Posener maßgeblichen Anteil hatten:
Die Akademie der Künste hat als Kooperationspartner den Veranstaltungsort zur Verfügung gestellt und die Gäste durch den Präsidenten Adolf Muschg und den Leiter der Sektion Baukunst Günter Nagel begrüßt.
Die Stiftung Preussische Seehandlung hat das Vorhaben finanziell unterstützt.

Ein besonderer Dank gilt Jan R. Krause für das eingebrachte Engagement bei der Vorbereitung des Druckmaterials und der Redaktionsarbeit.
Zu danken ist auch Rudolf J. Schmitt für das Layout und die grafische Gestaltung.

Die finanziellen Mittel für die vorliegende Publikation verdanken wir dem Freundeskreis von Florian von Buttlar, der 2004 viel zu früh verstarb.
Dieses Buch ist auch ihm gewidmet – einem treuen Werkbundmitglied und guten Freund.

Seelenverwandtschaft

Stefanie Endlich

„ … Glauben Sie mir: Die Tage eines alten Mannes werden kurz. (In meinem Fall kann man natürlich auch sagen: Die Tage eines kurzen Mannes werden alt) … "*

Schon in den späten sechziger Jahren, so erinnern sich seine engsten Freunde Ursula und Jürgen Marsch-Ziegler, nahm Florian von Buttlar sie mit zu Julius Poseners Vorlesungen an der Hochschule der Bildenden Künste, um ihnen, den Medizinern, Baugeschichte als lebendige Kulturgeschichte nahe zu bringen. Ihnen und anderen schenkte er später gern Poseners in Arch+ erschienene Vortragsreihe. Florian von Buttlar, Architekt, Autor und Ausstellungsmacher, schätzte und verehrte den Architekturhistoriker sein Leben lang. Beide kannten sich gut und freuten sich über jedes Zusammentreffen, jeden Gedankenaustausch.
Darüber hinaus gab es jedoch auch eine Seelenverwandtschaft, eine gemeinsame Grundhaltung zur Architektur und zu den Aufgaben des Architekten. Beide bestanden auf dem utopisch-gesellschaftlichen Anspruch und fragten nach der intellektuellen Aufrichtigkeit hinter der schönen Form. Poseners Motto „Man muss Stellung nehmen" war auch für Florian ein Leitsatz, dessen Beherzigung in politisch konfliktreichen Projekten ihm als Freiberufler manche Sympathien bei Auftraggebern und politischen Entscheidungsträgern kostete. Zudem charakterisierte beide eine mit Neugier gepaarte Offenheit, sowohl gegenüber anderen Arbeits- und Sichtweisen, die sie immer wieder auf bisher unentdeckte Bezüge abklopften, als auch gegenüber neuen, ungewohnten Entwicklungen und Gedanken.
Und wer Florian von Buttlar kannte, sieht auch die Parallelen in den bei alten Freunden und jungen Leuten besonders geliebten ausführlichen Stadtrundgängen, auf denen sich profundes Wissen um Bau- und Stadtgeschichte mit beflügelnden kritischen Debatten verband. Auch unter diesem Aspekt waren beide, die traurigerweise nicht mehr unter uns sind, „echte" Werkbündler.

* Zitat aus einem Brief von Julius Posener an Rainer Höynck, 7.12.1984

TADTFORU
STA
Ideen von „Planwerk“
Die Weichselkirsche auf dem Brachgeländ
BERLIN
URUM
nur Skepsis

Editorial

Anlässlich des 100. Geburtstages von Julius Posener haben der Deutsche Werkbund Berlin und die Akademie der Künste am 4. und 5. November 2004 in zwei Veranstaltungen an den großen Architekturhistoriker erinnert, sein Werk geehrt und seine Wirkung thematisiert. Mit beiden Institutionen war Julius Posener eng verbunden: Er war Vorsitzender und Ehrenmitglied des Deutschen Werkbundes und Mitglied der Akademie der Künste, Sektion Baukunst.

Die Abendveranstaltung am 4. November orientierte sich an Julius Poseners Lebenswerk und Lebensweg - von erzwungener Emigration über Auslandsaufenthalte, Rückkehr und Wirken in Berlin bis zu seinem Tode 1996. Der Abend wurde eröffnet durch die Veranstalter Adolf Muschg und Helga Schmidt-Thomsen, durch das Werkbundmitglied Otto Schily und Hella Dunger-Löper als Vertreterin des Landes Berlin. Die einführende Filmcollage „Posener in Bild und Ton" zeigte Auszüge aus einer Rede von Julius Posener zum architektonischen Werk von Erich Mendelsohn als ein authentisches Zeugnis seiner Sprachgewalt und Ausdruckskraft.
Ausgehend von Julius Poseners ganzheitlicher Betrachtungsweise, seiner Wertevermittlung und politischen Haltung moderierte Lore Ditzen eine Gesprächsrunde zum Thema „Man muss Stellung nehmen" mit Wegbegleitern, Kollegen und Schülern: Burkhard Bergius, Franziska Bollerey, Ulrich Conrads, Hardt-Waltherr Hämer, Kristiana Hartmann, Edina Meyer-Maril, Wolfgang Schäche, Manfred Sack, Myra Warhaftig und Dietrich Worbs. Hervorgehoben wurde Julius Poseners Einsatz für die Architektur des 20. Jahrhunderts mit dem Thema Wohnen als zentrale Aufgabe, seine interessierte Zuwendung zur jüngeren Generation und zu Studenten, denen er als begeisterter Lehrer Wissen und Haltung vermittelte sowie sein engagiertes öffentliches Eintreten für die Erhaltung wertvoller Bausubstanz.

Den Auftakt zur Tagung „Architekturvermittlung" am 5. November bildete ein Filmbeitrag des Werkbundarchivs, der Julius Posener bei seiner Rede zur Ausstellungseröffnung „Das Glashaus von Bruno Taut" zeigte und die breite Spannweite seines Denkens vorführte. Julius Poseners differenzierte Architekturbetrachtung basierte nicht zuletzt auf umfassenden Kenntnissen kulturgeschichtlicher Zusammenhänge. Unter der Moderation von Jan R. Krause beschäftigte sich die Tagung fachübergreifend und in internationaler Besetzung mit der Vermittlung von moderner Architektur. Architekten und Theoretiker reflektierten, wie Julius Posener das Thema erfüllt hat, wie es heute aussieht und was wir von ihm lernen können. Dokumentiert sind Beiträge von Jan R. Krause, Berlin; Francois Burkhardt, Mailand, Berlin; M. Jean-Louis Cohen, Paris; Ingeborg Flagge, Frankfurt; Matthias Schirren, Berlin; Nina Nedelykov, Berlin; Edina Meyer-Maril, Tel Aviv; Hanno Rauterberg, Hamburg; Wolfgang Pehnt, Köln. Bei der Architekturvermittlung geht es heute nicht um urteilslose, standortlose Architekturbeschreibung, sondern um die Vermittlung komplexer Zusammenhänge und Werte, die über die Architektur ablesbar sind. Auch Julius Poseners Architekturbeschreibung war nicht losgelöst von gesellschaftlichen, kulturellen und politischen Aspekten. Sein Interesse galt der in der Werkbundtradition stehenden Reformarchitektur und der Moderne. Er vermittelte Architektur, die dem Menschen dient und die das Aufklärerische der Moderne enthält.

Wie kein anderer hat Julius Posener die Arbeit des Werkbundes geprägt. Er wurde nicht müde, immer wieder darauf hinzuweisen, dass es im Werkbund um die Qualität der Dinge geht, mit denen wir uns umgeben: „Der Werkbund war die Gruppe derer, die wussten, dass Wegsehen keine Antwort ist. Dass man sich an dem stößt, was man in seiner Umgebung sich nicht aneignen kann, selbst wenn man das nicht weiß. Und dass das sehr tief geht, tiefer als wir wissen: dass es wirklich zu einem glücklichen Leben gehört, dass man in seiner Umwelt zuhause sei."* Die Beiträge in der vorliegenden Publikation würdigen Julius Poseners beeindruckende Lebensleistung. Sie machen zugleich schmerzlich bewusst, wie groß die Lücke ist, die er hinterlassen hat.

Angelika Günter

*Julius Posener: Brauchen wir den Werkbund noch? in: 50 Jahre Deutscher Werkbund Berlin, Berlin 1999, S. 17

34
34A
ILFORD FP4

Julius Posener als architektonischer Wegweiser

Adolf Muschg

Auf der Suche nach einem Julius-Posener-Platz in einem Berliner Stadtführer, erhielt ich übers Internet folgende Rückmeldung: „Die Suche nach Julius-Posener-Platz wurde ohne Erfolg beendet. Bitte beachten Sie unbedingt, dass Berlin zum jetzigen Zeitpunkt noch nicht zu 100 Prozent erfasst ist und schauen Sie später wieder vorbei." Noch nicht zu 100 Prozent erfasst, der Mann, dessen in Nikolassee mit einem Platz gedacht werden sollte, hätte vielleicht aufgehorcht, denn er hat ein Leben lang wohl auch gebaut, aber sich nach eigenem Verständnis doch vor allem der Vermittlung der Architektur durch Sprache gewidmet. Er hat als Architekturhistoriker und Theoretiker Schule gemacht, was in seinem Fall heißen will, er hat die 1933 unterbrochenen Lektionen Humanen Bauens, 1961 als maßgeblicher und stilbildender Professor der Baugeschichte an der Hochschule der Künste und als Mitglied unserer Architekturabteilung, aber auch als Vorsitzender des Deutschen Werkbundes wieder aufgenommen und fortgesetzt. „Berlin auf dem Weg zu einer neuen Architektur" war eine seiner wegweisenden Schriften aus der noch geteilten Stadt. Zwischen diesen beiden Daten lag ein halbes Leben, um nicht zu sagen, mehr als nur ein Leben in der Emigration. Frankreich, Palästina, wo er als britischer Soldat gedient hat, London und zum guten Ende wieder Berlin. Überleben, als konstruktiver Beitrag an die deutsche Nachkriegsgesellschaft, die er in englischer Uniform als Trümmergegend wiedergefunden und als Baustelle gesehen hat. Nach eigenem Wort, der erste Palästinenser, der den Rhein überschritten hat. Damals schon auf der Suche nach einem Arbeitsplatz in einem auf die Zukunft hoffenden Land.

„Noch nicht zu 100 Prozent erfasst", sagt der Stadtführer. Das „Erfasst", was einmal im Wörterbuch des Unmenschen registriert war, von den „100 Prozent" zu schweigen, ist eine Empfindlichkeit, die sich, so fürchte ich inzwischen, aus dem Sprachgebrauch verloren hat. Ganz gewiss aber befindet sich der arglose Stadtführer auf dem Holzweg, wenn er versucht, etwaige, ähnliche Entsprechungen zu finden, jedoch ebenfalls leider ohne Erfolg. Zwar gibt es zu Julius Posener als architektonischem Wegweiser keine Entsprechungen, aber den Weg, den er gewiesen hat, ist die Architektur Berlins ein Stück in seinem Geist weitergegangen. Und dabei war er auch ganz konkrekt behilflich. Es gibt ihn ja jetzt wirklich, den Julius-Posener-Platz und zwar ziemlich genau an der Stelle wo er aufgewachsen ist, im Heim seiner großbürgerlichen deutsch-jüdischen Familie, bis zu seiner Emigration. 30 Jahre später hat er das Seine dazu beigetragen, die Baudenkmäler dieses Villenviertels in Nikolassee vor dem Abbruch zu retten. Jetzt trägt der bisher anonyme Platz, wo die Rehwiese die Teutonenstraße kreuzt, seinen Namen. An diesem 4. November 2004 wäre Julius Posener 100 Jahre alt geworden. Das Archiv unserer Akademie der Künste hat die Ehre, seinen Nachlass zu pflegen. Das Archiv ist das gebaute Gedächtnis unseres Hauses. Es bewahrt auch die Erinnerung daran, dass unser Neubau am Pariser Platz anfangs das Stadthaus des Hofjuden Meyer-Ries gewesen ist.

Julius Posener an seinem 100. Geburtstag zu ehren ist eine Zeichensetzung für eine deutsch-jüdische Kulturgemeinschaft, die nicht spurlos untergegangen ist. Die Spuren schrecken und sie weisen ins Offene.

Adolf Muschg ist Schriftsteller und Präsident der Akademie der Künste Berlin.

Julius-Posener-
Platz
* 04.11.1904 † 29.01.1996
Architekturkritiker und Bauhistoriker
Professor für Baugeschichte
von 1961 bis 1970 an der
Hochschule für Bildende Künste in Berlin

100 Jahre Julius Posener

Helga Schmidt-Thomsen

Der 100. Geburtstag von Julius Posener ist Anlass, um dankbar an unseren einzigartigen Lehrer zu erinnern und den großen Berliner Juden und Weltbürger zu ehren. Die Akademie der Künste und der Werkbund, die beide Julius Posener viel verdanken, haben gemeinsam ein Gespräch mit Weggefährten und die folgende Tagung zum Thema „Architekturvermittlung" vorbereitet.
Julius Posener war langjähriger Vorsitzender – in durchaus turbulenten Zeiten – und Ehrenmitglied des Deutschen Werkbundes. Sein 100. Geburtstag hat den Vorsitzenden des Deutschen Werkbundes Hans Rudolf Güdemann, Mitglieder und Vorsitzende aus allen Landesbünden bis hin zum Schweizer Werkbund in der Berliner Akademie der Künste zusammengeführt. Dem Werkbund hat Julius Posener immer wieder mit „gemildertem Pessimismus" die Notwendigkeit zugesprochen, im Sinne der „Qualität des Lebens" seine Arbeit fortzusetzen und auf Kreativität und aufklärerisches Wirken zu bauen.
Vielgestaltig war Julius Poseners Wirken und seine Wirkung, und so werden viele einen eigenen Anknüpfungspunkt haben, ein jeweils unterschiedliches Spektrum an Eindrücken, Erinnerungsbildern und Gedanken. Dies kann nicht überraschen, wenn wir an den großen Lebenskreis denken, den Julius Posener durchschritten hat, wenn wir den Stationen folgen, den frei gewählten und als Folge der Emigration in viele Länder führenden Spuren: von Berlin nach Paris und London, nach Palästina, mit der englischen Armee nach Deutschland, wieder nach London, dann nach Kuala Lumpur und schließlich zurück nach Berlin.
Wir können vieles nachlesen, in den biographischen Schriften, von der prägenden Kindheit in den Berliner Vororten Lichterfelde und Zehlendorf, in einem musischen Elternhaus, mit dem Vater Moritz Posener, der Maler war, und der Mutter Gertrud Posener geborene Oppenheim, einer Musikerin, und von dem neuen Leben in der kaiserlichen Friedenszeit mit ihren bürgerlichen Reformbewegungen.

Wir erfahren vom Architekturstudium bei Hans Poelzig und von der Tätigkeit bei Erich Mendelsohn und mit der Arbeit für l'architecture d'aujourdhui erleben wir, wie das Schreiben und die Betrachtung und Vermittlung zeitgenössischer Architektur schließlich zum zentralen Interesse wurden.

Aus der Studentenzeit hat Julius Posener uns diese Verse eines Sonetts mitgeteilt:

Wer sich zu lang an fremden Sonnen sonnte,
dem haben meeresweite Horizonte
gar oft verstellt den Halteblick der Nähe.

So sage, wessen Sinn mag besser taugen?
Gereiste Blicke oder dessen Augen,
der alles staunend sieht, was er auch sehe.

In hellsichtiger Vorausschau scheint der junge Julius Posener hier auf sein eigenes Leben zu blicken. Nähe und Distanz als Prägung – er wusste beides zu verbinden. Nähe und Distanz haben wir stets bei ihm gespürt. Beneidet haben wir ihn um die Fähigkeit zu staunen. Die haben wir zuletzt erlebt anlässlich einer Sommerakademie des Berliner Werkbundes 1995 in Potsdam bei einem gemeinsamen Besuch des Einsteinturms. Mit Neugier und Bewunderung hat Julius Posener ihn umschritten, als sei er nie zuvor dort gewesen, und anschließend hat er vom erhöhten Eingangsplateau aus ein begeisterndes Kolleg improvisiert.
Die Kunst der Sprache, die ihm zu Gebote stand, und die Kunst des Vortrags, die er wohl einzusetzen wusste, sicherten ihm die Aufmerksamkeit seiner Zuhörer. Mehr noch: sobald er die Stimme erhob, gehörte ihm auch deren Zuwendung.

Wenn wir heute ein so reiches aber ebenso kompliziertes Leben reflektieren wollen, haben wir uns hoffnungslos übernommen. Wir möchten die Teilnehmer des Werkbundtags und die Leser dieser Dokumentation dennoch einladen, mit uns das Experiment dieser Veranstaltung zum 100. Geburtstag zu wagen.

Helga Schmidt-Thomsen ist freischaffende Architektin, Dipl. Ing. Sie studierte an der TH Darmstadt und der TU Berlin und ist Vorsitzende des Deutschen Werkbunds Berlin e.V. sowie Mitglied im Landesdenkmalrat Berlin.

23A
24
24A
25
ILFORD FP4
5

Julius Posener – Ein Mann der klaren Worte

Otto Schily

Im Juli 1798 schreibt Goethe an Schiller: „Sein Jahrhundert kann man nicht verändern; aber man kann sich dagegen stellen und glückliche Wirkungen vorbereiten." Julius Posener hat vielen glücklichen Wirkungen den Weg bereitet: durch seine Schriften, vor allem aber durch das gesprochene Wort. Und er hat sich vielen Irrungen und Verwerflichkeiten des Jahrhunderts in seinem fast hundert Jahre währenden Leben entgegengestellt.
Es war gewiss nicht „sein" Jahrhundert. Die Zeit verschlug ihn in die Ferne – erst nach Paris, dann nach Israel, England und Malaysia –, so dass er in seine Heimat, das alte Berlin, „zunächst als ein Fremder zurückkehrte". So steht es 1993 in der Vorbemerkung zur Neuausgabe seiner eindrucksvollen Autobiographie. Julius Posener schrieb das nicht von ungefähr. Das wird aus dem Satz deutlich, den er hinzufügte: „Meine Ehe ist an diesem fremden Lande zerbrochen." Glücklicherweise hat er dann noch einmal geheiratet, sogar – wie er es ausdrückte – „ein echtes Berliner Kind".
Berlin war für Posener nicht nur die wieder gefundene, wieder erreichte Heimat. Berlin war für ihn auch „Paradigma der Entwicklung der neuen Architektur", deren Entstehen er so glänzend nachgezeichnet hat.
Er stritt mit dieser Stadt mit ihrem oftmals oberflächlich Neuen. Er stritt für die Erinnerung an das Solide und Formbewusste und die Erhaltung solider und formbewusster Architektur.
Sein persönliches Engagement hatte durchaus Erfolg (wie im Falle des Hauses Cramer von Hermann Muthesius in Dahlem). Sein Engagement blieb oftmals aber auch – zu oft – vergeblich. Die Stadt Berlin verdankt ihm viel; sie könnte ihm jedoch noch mehr zu verdanken haben.
Ich selbst verdanke Julius Posener übrigens die Aufnahme in den Werkbund. Und auf Grund seiner Freundschaft zu Max Taut, dem Urgroßonkel meiner Tochter Jenny, verdanke ich ihm das ein oder andere spannende Gespräch. Zu Max Taut bemerkte Posener unter anderem,

dass sich die Mitglieder der „Gläsernen Kette" mit Gropius und anderen sogenannte „Kettennamen" (zum Beispiel „Glas") zulegten – außer Max Taut, der Max Taut blieb. Und Posener schreibt über ihn:
„Er wirkte auch persönlich wie einer, der mit beiden Beinen auf der Erde stand. Er hat in diesem Buchdruckerhaus eine neue Architektur verwirklicht, eine, mit der Leute wie ich etwas anfangen konnten.
Will sagen, er hat Leuten wie mir den Weg zur Architektur geebnet."
Das Leben Julius Poseners, von ihm selbst so meisterlich erzählt, ist auch die bewegende Biographie eines deutschen Juden. Ob er wollte oder nicht: Immer wieder wurde er damit konfrontiert, im Nachkriegsdeutschland auch in Form von peinlich-anbiedernden Bemerkungen. Die neuen Kollegen in Berlin erklärten ihm sofort, sie seien ausnahmslos aktive Nazi-Gegner gewesen, die viele Juden gerettet hätten. Das veranlasste Posener zu dem sarkastischen Kommentar: „Der arme Hitler! [...] Er hat doch keine Anhänger gehabt." Das wirkte. Um ein klares Wort war Julius Posener nie verlegen.
Nicht nur die Architektur und Baugeschichte schuldet Julius Posener großen Dank für eine wahrlich eindrucksvolle Lebensleistung. Er war auch einer, der Demokratie als eigene Verantwortung verstand.
Natürlich kannte er die Schwächen der Demokratie, er litt wie andere an ihrer manchmal enervierenden Trägheit und wusste um die Gefahr, dass die Mehrheit am Ende in der Sache nicht selten falsch entscheidet.
Und doch lobte er den Nutzen demokratischer Verfahren für die Baukultur, denn die Demokratie „ ... bringt all die Sorgen, Hoffnungen, Gefahren, Aussichten, Erinnerungen ins Gespräch, die mit einem bestimmten Platz der Stadt verknüpft sind".
Posener war im emphatischen Sinne ein überzeugter und überzeugender Demokrat, ein Bürger, ein „zoon politikon": ein aktiver Teil jener Polis, die Dolf Sternberger in Anknüpfung an Aristoteles unter dem Titel „Die Stadt als Urbild" in Erinnerung gerufen hat. Ein Zeitgenosse, der

sich von niemandem vereinnahmen ließ und sich stets sein eigenes und eigensinniges Urteil bewahrt hat.
Nicht einmal ein volles Jahrhundert trennte Julius Posener von Goethes Gedankenwelt und von Schillers Hoffnung, auf die er am Schluss seiner Autobiographie fast beschwörend hinweist. (Dabei hatte ihm der Deutschlehrer in der Schule nicht nur den ganzen Homer, sondern auch Schillers Balladen verleidet.)
Schiller frei variierend könnten wir Poseners Leben und Werk als Antwort auf die Frage verstehen: „Was heißt und zu welchem Ende studiert man Architekturgeschichte?" Wir alle wissen, dass dies dann keine Erkundigung nach Lehrplänen und Studienzielen ist. Julius Posener hat uns vielmehr daran erinnert, dass Baukunst und -geschichte den Menschen in die Mitte stellen müssen, dass sie nur mit Blick auf die „conditio humana" zu begreifen und zugleich Ausdruck derselben sind.
Dem Deutschen Werkbund Berlin und der Akademie der Künste danke ich dafür, dass Sie die Erinnerung an diesen großen Humanisten lebendig halten. So können wir dazu beitragen, Julius Poseners glückliche Wirkungen zu bewahren und weiter zu verstärken.

Otto Schily ist seit 1998 Bundesminister des Innern. Er studierte Jura in München, Hamburg und Berlin und war Gründungsmitglied der Grünen, für die er bis 1989 im Deutschen Bundestag saß. 1989 wechselte er zu den Sozialdemokraten und ist seit 1990 Mitglied der SPD-Bundestagsfraktion. In den Deutschen Werkbund Berlin wurde er unter dem Vorsitz von Julius Posener 1971 berufen.

Julius Posener und Berlin

Hella Dunger-Löper

Das Land Berlin hat allen Grund, Julius Posener und sein Wirken zu würdigen. Denn Julius Posener war einer, der sich einmischte, der rückhaltlos Kritik übte an der Berliner Stadtplanung, insbesondere an den eingefahrenen Vorstellungen von Stadt und städtebaulichen Wirkungen der alten Westberliner Planungen. Er war dafür prädestiniert, denn sein Lebenswerk hatte ihn auf diese Rolle besonders vorbereitet. Seine Tätigkeit als Redakteur der Zeitschrift l'architecture d'aujourdhui von 1933-35 in Paris war der Beginn seiner schriftstellerischen Laufbahn. Von dort berichtete er in deutschen Zeitungen, wie der Bauwelt, der Baugilde und dem Baumeister über französische Architektur.

Die Stationen seiner Emigration, nach Palästina, nach London schärften sicherlich seine Wahrnehmung und machten ihn besonders sensibel gegenüber rückwärts gewandten Tendenzen und vor allen Dingen ausländerfeindlichen Haltungen.

1961 endlich kehrte er in seine Heimatstadt, in seine Geburtsstadt Berlin zurück und erhielt eine Professur für Baugeschichte an der Hochschule der Künste. Seinen Ruf als Architekturkritiker hat er sich nicht an der Kritik für bauliche Ausformungen erarbeitet. Ihm war ein anderer Aspekt sehr viel wichtiger, ihm war der soziale Wert und die Akzeptanz von Architektur ein besonderes Anliegen. Er war ein leidenschaftlicher Verfechter demokratischer und transparenter Planungsabläufe und hat damit in dieser Stadt eine Tradition begründet, die wir auch heute fortzusetzen hoffen. Er war ein unbequemer Zeitgenosse, der sich nicht mit einfachen Antworten zufrieden gab und dabei trotzdem ein leiser, charmanter Mensch, der von seinen Studenten gleichermaßen geliebt und verehrt wurde.

Julius Posener veränderte durch seine konstruktive Kritik nicht nur zahlreiche Planungen in dieser Stadt richtungsweisend, sondern forderte auch immer wieder transparente Planungsabläufe, das Mitnehmen von Betroffenen: Ein ganz moderner Gedanke, der wirklich auch Verankerung

gefunden hat in unserer Politik der Stadtplanung. Das machte ihn für Berlin so bedeutend. Des weiteren verstand er es, zahlreiche Berliner Bauwerke architektonisch zu deuten, sie ins internationale Architekturgeschehen einzuordnen und sie im Spiegel des gesellschaftlichen Lebens zu erklären. Diese Kritiken, die er formuliert hat, sind brillant erdacht und von außerordentlichem Wert für die Bewertung der Berliner Baugeschichte insgesamt. Für seine Verdienste erhielt er am 31. Mai 1988 die Ernst-Reuter-Plakette. Er war so bescheiden, dass er der Auffassung war, diese Auszeichnung gar nicht verdient zu haben.
Wir wissen das sicherlich alle viel besser. Und ich denke, dass die Stadt Berlin anlässlich seines 100. Geburtstags mit der Benennung des kleinen Platzes an der Rehwiese, ein Ort, an dem er gelebt, den er geliebt hatte, eine viel bessere Form der Ehrung, die ihm angemessen war, gefunden hat.

Hella Dunger-Löper ist Staatssekretärin in der Senatsverwaltung für Stadtentwicklung, Berlin, und damit auch Vertreterin des Landes Berlin, das Julius Posener mit der Ernst-Reuter-Plakette geehrt hat.

Man muss Stellung nehmen

Wegbegleiter von Julius Posener
im Gespräch mit Loren Ditzen

Wolfgang Schäche Kristiana Hartmann Burkhard Bergius

Franziska Bollerey Hardt-Waltherr Hämer

Ulrich Conrads Manfred Sack Edina Meyer-Maril

Lore Ditzen Dietrich Worbs Myra Warhaftig

Hier sind lauter Freunde. Man könnte sogar von einer „Posener-Familie" sprechen. Wenn Julius Posener jetzt hier wäre, würde er uns vermutlich Tee einschenken, denn wer bei ihm war hat immer von ihm selbst bereiteten Tee bekommen.

Ich möchte zu den Stationen seines Lebens ein paar kleine Ergänzungen machen. Die großbürgerliche Familie, der er angehörte, eine assimilierte, jüdische Familie, wohnte zuerst im großen Familien- und Geschäftshaus an der Potsdamer Straße. Und die Villen, die sie später bezog, waren in Lichterfelde und dann in Dahlem. Der Vater war Maler, die Mutter Pianistin, die später als Musikpädagogin gearbeitet hat.
Julius Posener hatte zwei Brüder. In ihnen hat sich etwas von den Widersprüchen in der eigenen Familie gezeigt, die Julius Posener sein ganzes Leben lang begleitet haben.
Der eine Bruder war sehr vom Deutschtum überzeugt, und auch im Ersten Weltkrieg hat Julius selbst, damals noch ein Junge, in Übereinstimmung mit dem ältesten Bruder, der sich als 16-Jähriger freiwillig zur Armee gemeldet hatte, immer auf den Sieg gehofft.
Der andere Bruder war schon früh ein Zionist und in der zionistischen Jugendbewegung. Er ist sehr früh nach Palästina ausgewandert.
Als Julius Posener aus Frankreich wiederkam, 1931, und in Berlin zwei Jahrelang stellungslos war – er hat vorübergehend bei Mendelsohn im Büro gearbeitet, unbezahlt – merkte er, dass der Antisemitismus, den er schon als Schuljunge als passiven Antisemitismus erfahren hatte, inzwischen ein militanter Antisemitismus geworden war. Deshalb ist er 1933 wieder nach Frankreich zurückgegangen und von dort nach Palästina.
Nicht nur die Schüler, Mitstreiter und Weggefährten, die sich hier aus Anlass von Poseners 100. Geburtstag zusammengefunden haben, sondern viele andere werden eigene Erinnerungen beitragen können. Vermutlich würde Julius Posener angesichts dieser Ehrung freudig in die Hände klatschen. Oder aber er würde kritisch, und das ist eher wahrscheinlich, die Augenbrauen hochziehen, denn Julius Posener hatte, wie es in einem Gedicht von Fontane heißt, ja keinen Sinn für Feierlichkeit. Oder vielleicht hätte er mit Tucholsky gesagt: „Haben Sie es nicht ein bisschen kleiner?"

Wir wollen jetzt miteinander die Stationen Poseners mit persönlichen Erinnerungen und Erlebnissen ausfüllen, ab 1961, da wir ihn kennen lernten.

L. D.

Lore Ditzen:
Als erstes sollen Manfred Sack und Ulrich Conrads zu Wort kommen: zwei, die Julius Posener als kritische Kollegen verbunden waren, die sozusagen die Öffentlichkeit repräsentieren, die Julius mit seinen zahlreichen Rezensionen und Stellungnahmen angesprochen, aufgerufen und auch aufgeregt hat. Manfred Sack, viele Jahre, Jahrzehnte Architekturkritiker der „Zeit": Was waren die Verbindungen?

Manfred Sack:

Wir lernten uns in den sechziger Jahren kennen. Was mir an Julius Posener imponierte und was mich auch entlastete, war, dass er in einem Gespräch, das ich nachher auf einer Zeitungsseite veröffentlichte, gesagt hat: „Ich war ein Dilettant." Ich glaube, dies war die große Chance, nämlich, dass er als ein Dilettant – verstanden in der schönen alten Bedeutung, nämlich eines Liebhabers eines bestimmten Metiers – sich erfreut, dass er mit den Studenten lernte und dadurch die Fähigkeit hatte, ihnen dies alles plausibel zu schildern. Das Besondere an ihm war wohl: er schrieb und sprach für Jedermann. Manchmal hat er sich auch ein bisschen verrannt. Da merkte ich dann, dass wir doch verschiedene Professionen haben: Er war ein Lehrer und ich war als Journalist ja ein Vermittler von Dingen, die meinem Publikum doch meistens nicht wirklich geläufig waren. Also war ich gezwungen, es ihnen so plausibel darzustellen, dass sie es alle begreifen. Wir haben manchmal einen lustigen Briefwechsel geführt. Er schickte Artikel, die so in sich versponnen waren und er war in seiner eigenen Welt, die aber Leser, die diese Welt nicht kannten, nicht verstanden. Ich schickte die Texte an ihn zurück und erklärte meine Überlegungen. Er war zuerst ein bisschen betroffen, dann aber auch wieder ganz froh und hat es auch begriffen. Das war eine anregende und zugleich amüsierende Art, wie wir miteinander umgegangen sind.
Zum ersten Mal spontan erlebt habe ich Julius Posener 1972. Bei einer Preisverleihung musste ich einen Vortrag halten. Und der Vortrag war überschrieben – man spürte den Wind noch von 1968: „Der Architekt entwirft, der Bewohner vollendet." Meine Vorbilder hatte ich in Dessau, in der Siedlung Törten aufgepickt und in Venedig, wo ich damals Hundertwasser besucht hatte.
Ich bat ihn, mir zu erklären, was es mit seinem Verschimmelungsmanifest und seinem Hass auf den Rationalismus auf sich habe und woher er seine Anregungen habe. Er ging mit mir über die Insel spazieren und dann sahen wir irgendein eher schäbiges Gebäude. Oben im zweiten Stock waren zwei Fenster weiß umrandet. Er sagte: „Das hat der Wohnungsmieter getan. Und wenn er abends müde von der Arbeit nach Hause kommt, sieht er das und sagt, das ist mein Palazzo." Gegenüber war ein dreistöckiger Mietshausblock aus den dreißiger oder vierziger Jahren, dessen besonderes Charakteristikum Loggien waren. Sie standen über-

einander und kamen immer gereiht drei- oder viermal hintereinander. Das Interessante war, dass kaum eine dieser Loggien noch so aussah, wie der Architekt sie entworfen und gebaut hat. Die einen hatten die Öffnung zugemauert und mit kleinen Fenstern versehen, andere haben sie eingepackt in ein größeres Fenster. Und man sah von weitem, da steht ein Flügel, also haben sie die Loggia dem Wohnzimmer zugeschlagen. Oder es gab verglaste Loggien mit kleinen, grünen Höllen dahinter. Da wucherte es ganz kräftig. Und das fand ich plötzlich anregend. Da dachte ich, wenn die Architektur, die Struktur stark genug ist, dann können Änderungen darin vorgenommen werden, wie individuell sie auch seien.
Nach dieser Rede stand Julius Posener auf und sagte: „Lieber Manfred Sack, nein, so geht das nicht. Wenn man es den Leuten völlig überlässt, wird haarsträubender Unfug daraus. Nein, auch da muss der Architekt noch die Hand drauf haben und das Schlimmste verhindern und Ratschläge geben!" Das Bewegende daran war, dass er den Mut gehabt hat, einfach den Festredner zu korrigieren. Das ist später auch gedruckt worden und zu lesen war es noch schöner.

Lore Ditzen:
Julius Posener hat sich ja oft auch selbst korrigiert. Ulrich Conrads – auch dem kritischen Geschäft verbunden: Jahrzehnte auch als Redakteur der Bauwelt, als Herausgeber der Bauweltfundamente. Wie haben Sie ihn erlebt?

Ulrich Conrads:

Ich wäre nicht Redakteur gewesen, wenn ich nicht an Julius Posener eines ganz besonders bewundert hätte, nämlich seine Sprachgewalt. Ich habe das aufgeschrieben in der Morgengabe, die Kristiana Hartmann und ich ihm zum 85. Geburtstag gewidmet haben. Wie er sprach, so dachte er auch und so schrieb er auch. Er schrieb auch so, wie er dachte und wie er sprach. Man kann das verwechseln. Diese Identität fand ich immer ganz bezaubernd. Wenn ich diese Artikel von damals heute nachlese, muss ich feststellen, dass ich eines nicht genug betont habe, nämlich die Überzeugungskraft, die aus dieser Identität von Sprache und Schreiben hervorkommt. Dazu will ich eine kleine Begebenheit schildern: Der Abbruch der Schinkel'schen Bauakademie 1961 hatte diesseits der Mauer ein relativ geringes Echo. Ich glaube, die Berliner haben diesen roten Kasten in ihrem Stadtzentrum nie recht gemocht. Es krähte jedenfalls hier kaum ein Hahn danach, dass dieses doch noch sehr gut zu rettende Bauwerk plötzlich verschwunden war. Sieben Jahre später, 1967, berichtet Karl

Wilhelm Ochs, dass dem Krankenhaus am Mariannenplatz ein ähnliches Schicksal bereitet werden würde, wenn niemand eingriffe. Dieses Krankenhaus war von Friedrich Wilhelm IV. 1843 den Diakonissen geschenkt worden, unter der Maßgabe, dass die Nonnen es als Krankenhaus führen müssten mit mindestens 350 Betten. Wenn sie es aufgeben, fiele dieses Bauwerk an die Krone zurück. Als den Nonnen die Zuschüsse mehr oder weniger kräftig entzogen wurden und die Verwaltung feststellte, dass die Altersruhegelder in die Krankenanstalt eingeflossen waren, um den Betrieb aufrecht zu erhalten, waren die Schwestern gezwungen, das ganze Gebäude zurückzugeben an die Krone. Wer aber war die Krone 1967? Da konnte man sich damals drüber streiten. Entweder Westberlin oder das Land Berlin hätte sich die Krone aufsetzen, das Gebäude zurücknehmen und den Schwestern fünf Millionen Mark zahlen müssen. Das wollte sie nicht, die Krone, das Land Berlin. Julius Posener und ich haben uns verschworen und gesagt, das kann nicht passieren, dass dieses Gebäude hier verschwindet. Wir haben uns im Werkbund Verstärkung geholt und versucht, diese Sache zu retten.
Wir haben mit Bischof Scharff und mit vielen Menschen gesprochen.
Ich weiß nicht mehr, wer auf die Idee gekommen ist, zu sagen, dann müssen wir nach Bonn gehen ins Parlament. Und das haben wir auch gemacht. Wir haben dem Parlament geschrieben und – oh Wunder – die gesamtdeutsche Kommission des Bundestages hat sich der Sache angenommen und ist unserer Einladung gefolgt. Das war das erste und vielleicht auch das letzte Mal, dass sie in Berlin erschienen sind, leibhaftig. Sie reisten an und wurden von keinem anderen als Julius Posener durch das Gebäude geführt. Und diese Führung kann man sich eigentlich nur so vorstellen, wie man Warzen bespricht. Ganz ungeheuer überzeugend, mit dieser unaufgeregten und dennoch akzentuierten, kräftigen Betonung dessen, worauf es ankam. Die Kommission fuhr nach Bonn zurück und hat dem Senat auferlegt, der Architektin, die inzwischen den Abbruch der Seitenflügel bereits beim Landesdenkmalpfleger durchgebracht hatte und die hier geplant hatte, das Gelände mit bis zu 16-geschossigen Wohntürmen zu bebauen, das Projekt wieder zu entreißen, den Schwestern die fünf Millionen Altersgeld zu geben und das Heim dazu und dieses Gebäude zu übernehmen. So kann man sagen, dass es Julius Posener war, der dieses Haus gerettet hat.
Ich glaube nicht einer von uns hätte diese Überzeugungskraft aufgebracht, dass diese Kommission so gehandelt hätte.

Lore Ditzen:

Das war der Beginn der Aufmerksamkeit für die Denkmalpflege, für die alte Stadt, für die Bedeutung der alten Stadt. Aber Ulrich Conrads, ihr habt ja auch noch auf einem ganz anderen Gebiet, nicht inhaltlich anders, aber formal anders zusammen gearbeitet, nämlich in den Bauweltfundamenten, die Ulrich Conrads gegründet hat. Eine Buchreihe von der jetzt wohl 125 Ausgaben vorliegen. In dieser Reihe sind zwei Bücher von Julius Posener selbst erschienen.

Ulrich Conrads:

Wenn ein Mensch wie Julius Posener in eine Stadt wie Berlin kommt, 1961, da war klar, dass man sich einen solchen Menschen heranzieht – auch für diese Buchreihe, die ich 1964 ins Leben gerufen hatte. Man versucht ihn natürlich als Ratgeber und Autor zu gewinnen. Er hat sehr viel angeregt und vor allem, er hat seine eigenen Aufsätze zum Abdruck hergegeben. Die Gartenstadtbewegung und die englischen Funktionalisten waren seine beiden Bände, abgesehen von der Mitwirkung an vielem anderen.

Lore Ditzen:

Julius Posener hat auch für die Bauwelt ziemlich viel geschrieben, manchmal um einen Beitrag gebeten, manchmal aber auch aus eigener Initiative. Und Ihr wart in der Redaktion nicht immer einer Meinung mit ihm?

Ulrich Conrads:

Die eben angesprochene Überzeugungskraft hat natürlich auch eine andere Seite. Er war auch von anderen sehr leicht zu überzeugen. Er hat sich von vielen Menschen und vor allem von jungen Menschen damals in den 68er Jahren, überzeugen lassen, Aktionen mitzumachen, was ich manchmal gar nicht recht verstanden habe.

Er hat sich auch überzeugen lassen von Wettbewerbsentwürfen, die ich ganz unmöglich fand, wie den Holleinschen Entwurf für das Kulturforum. Und als ich ihm sagte, ich kann überhaupt nicht sehen, dass das eine Lösung ist, ein Bibelturm, ein Kanal, ein bananenförmiges Haus, eine Kirche mit einem Führerbalkon drin, also lieber Herr Posener, das ist doch keine Lösung. Da hat er mich nur ganz groß angeschaut – er konnte einen wunderbar staunend ansehen – und hat gesagt: „So, meinen Sie, meinen Sie das?" Ja, das meinte ich. Und er ist weggegangen und wir haben nie wieder darüber gesprochen. Er hat das dann für sich nachher stillschweigend korrigiert, sein schnelles Urteil und dass er da ein bisschen drauf reingefallen war.

Lore Ditzen:

Ich meine, er hat oft Meinungen, die er geäußert hat, später noch mal überdacht und sich selber immer wieder auch zur Ordnung gerufen. Er war ja sehr gerecht.

Ulrich Conrads:

Er war überhaupt nicht dogmatisch. Das war das Wunderbare an ihm. Er konnte nicht sofort, er wollte nicht sofort einen Irrtum zugeben, aber er gab ihn nachher auf andere Weise und sehr geschickt zu. Ich fand das immer großartig.

Lore Ditzen:

Von den späten sechziger Jahren war eben schon die Rede. Das war die Zeit der Studentenbewegung. Man denkt immer an die Demonstrationen. Doch es waren nicht nur die Demonstrationen. Es war ein Reformbedürfnis, das sich schon ab Mitte der sechziger Jahre manifestiert hatte, auch an den Hochschulen. Es gab auch ein politisches Reformbedürfnis. Ich erinnere jetzt an die Notstandsgesetze, später dann die Berufsverbote für Beamte, die Aufsicht durch den Verfassungsschutz, vieles

ist da zusammengekommen. Und Ende der sechziger Jahre war Julius Posener ein sehr engagierter Professor an der Hochschule für bildende Künste. Engagiert eben nicht nur in der Sache seiner Lehre, sondern auch im Leben und mit den Studenten.
In der Lehre stand ihm Burkhard Bergius als Assistent zur Seite. Und sein Kollege Hardt-Walther Hämer war Mitstreiter auch in den politischen Fragen der Zeit.

Burkhard Bergius:

Ich bin auch Student gewesen bei Julius Posener und zwar gleich, als er ankam in Berlin, 1961. Ich kann mich noch an seinen allerersten Vortrag erinnern. Er sprach über die konstruktiven Möglichkeiten der Gotik. Und dann ganz überraschend hat er einen Bogen geschlagen zur Moderne, zu den zwanziger Jahren. Das war für uns eine total neue Sicht. Wir waren begeistert. So etwas kannten wir nicht. Dementsprechend gab es nach dem Vortrag großen Beifall. Anfangs hat Posener keine Vorlesungen gehalten, sondern nur kleine Seminare für zehn bis fünfzehn Personen. Er saß an einem Tisch, er hatte immer eine Zigarette in der Hand, doch diese Zigarette hat er nicht angezündet. Stundelang hielt er diese nicht angezündete Zigarette in der Hand und alle, die da saßen, waren gespannt, wann steckt er nun endlich diese Zigarette an.
Das machte er dann ganz zum Schluss, als er die Lehrveranstaltung beendet hatte. Das sind so kleine Dinge, die eigentlich doch ganz prägend waren.
Als ich 1966 zurück kam aus Amerika, gab es eine Weihnachtsfeier, da trafen sich immer die ehemaligen Professoren und Studenten und da traf ich Julius Posener nach längerer Zeit wieder. Er fragte mich, ob ich nicht sein Assistent werden wollte. So wurde ich sein erster und einziger Assistent an der HfBK, der Hochschule für Bildende Künste. Wir haben versucht, eine ganze Menge neuer Konzepte zu entwickeln. 1969 war dann ein ganz wichtiges Datum, als nämlich in seinen eigenen Lehrbetrieb, in die Baugeschichte, die Kritik und Theorie der Architektur mit aufgenommen wurde. Hierin zeigte sich auch das Bedürfnis, die Architekturausbildung zu reformieren und neu zu strukturieren.

Lore Ditzen:

Der Lehrstuhl sollte dann auch umbenannt werden in Lehrstuhl für Baugeschichte und Theorie. Hat Julius Posener denn eine Theorie entwickelt?

Burkhard Bergius:

Wir haben einen Lehrstuhl entwickelt für Theorie, Geschichte und Kritik der Architektur und eine völlig andere Baugeschichte zu lehren versucht, die sich natürlich auf sehr viele Aspekte der Berliner Architekturgeschichte bezog. Wir haben zusammen drei Jahre lang an dem Band „Berlin und seine Bauten" gearbeitet, viele Grundrisse gesammelt, gezeichnet, Häuser besucht. Jeden Sonntag wurde dann mit Posener zusammen ein Marsch durch Dahlem oder Zehlendorf durchgeführt. Wir haben ein Buch über die Berliner Villen gemacht.

Das war eine sehr spannende Zusammenarbeit. Wir mussten lernen, sehr systematisch zu arbeiten, da haben wir beide von profitiert.

Lore Ditzen:
Es war bei den Studenten in dieser Zeit ein großes Bedürfnis, sich mit anderen Disziplinen zu verbinden, etwa mit Psychologie und mit Soziologie. Hat das auch Auswirkungen gehabt auf die Art, nicht nur der Zusammenarbeit und der Lehrangebote, sondern auch der Prüfungen?

Hardt-Waltherr Hämer:

Die Studenten haben damals gefragt, was ist das für ein idiotisches Zeug, das wir hier lernen sollen? Zu welchem Beruf lernt man Architektur und wie macht man das? Wir haben eine neue, andere Lehrmethode gesucht. Da entstand in der Hochschule eine neue, ganz andere Form, sich mit Architektur auseinander zu setzen. Während dieser Zeit war der Schah in Berlin. Diese Ereignisse waren ziemlich dramatisch. Der Tag zerfiel in: Auf den Ku'damm gehen, demonstrieren – in die Hochschule gehen, Symposium machen, und darüber diskutieren. Auf den Flur gehen und sagen „Ich habe eine neue Idee, die Stadt der Pille!".
Solche Dinge regten natürlich die Hochschule wahnsinnig auf und alle Hochschullehrer zogen sich zurück.
Es war nur Tom Sieverts da und der Abteilungsleiter. Und dann war Julius Posener da. Der saß dabei und sagte „Also, wo ist die Stadt der Pille? Wie machen wir das?" Das war nicht nur ironisch, sondern das waren harte Auseinandersetzungen. Es ging darum, dass die eine Welt die andere Welt gar nicht mehr verstand. Und in dieser Beziehung wirkte Julius Posener selbst wie ein Student, wie der jüngste Student. Er war so aufgeregt mit dabei, das Neue zu entwickeln, das Neue zu finden und das Neue zu machen. In dieser Situation entstanden dann die Gruppendiplome. Und dann wurden wir zur Hochschulsenatsverwaltung zitiert. Die Senatsverwaltung erteilte uns einen „Orden", nämlich einen Verweis. Wir bekamen eine Rüge. Julius saß mit mir vor diesem Richter, und da wurde ein Diktat gemacht. Wir versuchten immer zu erklären, wie es vernünftigerweise zu einem Gruppendiplom kommt. Doch das wurde überhaupt nicht berücksichtigt. Es wurde einfach in die Maschine diktiert. Ich versuchte, denen zu sagen, das ist doch nicht richtig, was Sie da diktieren, das stimmt nicht, das ist nicht das, was wir gesagt haben. Ich bin dann zur Maschine gegangen, habe das Papier rausgenommen und wurde dann angeklagt als Eigentumsentwender von Staatseigentum.
Da saß Julius Posener dabei. Dass dieser sensible, geschändete Jude da so saß und das alles ausgehalten hat! Der Julius fehlt mir heute immer.
Er fehlt mir ständig. Und wenn wir heute darüber reden, dann meine ich, wir müssten ihn wieder haben.

Lore Ditzen:

Es wäre von der Hochschule der Künste und übrigens auch der Technischen Universität aus diesen Zeiten wahrscheinlich noch viel mehr zu erzählen. Ich erinnere mich an eine Art von Go-In beim Bausenator. Das haben auch Professoren, Assistenten, Studenten – ich glaube es waren 13 Leute von der Hochschule – versucht. Diese Abordnung wurde nicht vorgelassen und dann hat Julius in seiner entschiedenen, ruhigen Art gesagt: „Wollen Sie uns vor der Tür stehen lassen?" Und daraufhin sind wir dort hineingekommen. So engagiert, so politisch war Julius Posener. Aber zurück zur Lehre: zwei Bauhistorikerinnen waren Schülerinnen von Julius Posener, Kristiana Hartmann und Franziska Bollerey, habt Ihr eigentlich auch ein Gemeinschaftsdiplom machen wollen?

Franziska Bollerey:

Ich wollte eigentlich über den Mann sprechen, dessen Haut am Ende seines Lebens so faltig war, wie die der Leguane, die er sich hielt, von denen der eine in einer Kiefernkrone verschwunden ist.
Ich wollte über seine immer gefäustelten Hände reden. Er hat ganz selten seine Hände offen an seinen Armen getragen, die er sehr heftig bewegt hatte beim Artikulieren seiner Inhalte.
Doch bleiben wir an der Hochschule: Es ist die Rede von einem Wendehals, es ist die Rede von einem, der kämpferisch Stellung nimmt und es ist die Rede von zwei Betroffenen, nämlich Kristiana Hartmann und mir. Als wir 1970 begonnen haben unsere Dissertation zu verfassen, war die Gunst der Stunde noch so, dass man es auch am Kunsthistorischen Institut der Freien Universität für sehr modisch hielt, zwei Menschen mit einem inhaltlich verwandten Thema zu promovieren. Thematischer Zusammenhang war die Reformgedankenwelt der utopischen Sozialisten und der Gartenstadtbewegung. Dies war die Promotion von Kristiana Hartmann und Franziska Bollerey. Handlungsort ist die Freie Universität, draußen in Dahlem, nicht in einem zentralen Gebäude, wie es die TU war, sondern verteilt auf viele Villen und in dem Zusammenhang auch eine hierarchische Struktur in einzelne Institute. Zeitraum sind die Jahre 1970 bis 1974.
Opponenten dieser hochschulpolitischen Episode, auf der einen Seite der Doktorvater, ich rede vom Kunsthistorischen Institut, Tilmann Buddensieg und ein im Hintergrund agierender Kunsthistoriker, damals der Vorsitzende der Notgemeinschaft zur Rettung der Freien Universität, eine rechtslastige Organisation, die probiert hat, die Reformen an der Universität zu unterbinden. Auf der anderen Seite die beiden Doktorandinnen und Julius Posener als Zweitgutachter. Später dann die Hochschullehrer, Harry Pross, Professor für Publizistik und Dieter Claessens für Soziologie.
Ziel der Erstgenannten, nämlich des Doktorvaters und seines im Hintergrund agitierenden oder agierenden Mitstreiters, Otto von Simson, war die Verhinderung der Promotion von Franziska Bollerey. Ich meine nicht nur zu vermuten, sondern zu wissen, dass

Anlass dieser Verhinderung politische Aktivitäten am Kunsthistorischen Institut waren, wo ich Mitinitiatorin einer Roten Zelle Kunstgeschichte war. Unser Flugblatt war direkt gegen diese Notgemeinschaftsaktivitäten gerichtet. Die Taktik in dieser hochschulpolitischen Episode:
Die Promotionsverhinderer inklusive eines Wendehalses, nämlich dem Doktorvater, der als es noch opportun war, eine Doppelpromotion gutzuheißen, uns lobend für Stipendien vorgeschlagen hatte, aber dann wohl offensichtlich auf Druck der Rechtslastigkeit des Kunsthistorischen Institutes dieses alles wieder zurückgenommen hat.
Erster Schritt dieser Taktik war der Versuch unsere beiden Arbeiten zu trennen. Und hierauf reagierte Julius Posener mit der ihm eigenen Sprachgewalt und Bildhaftigkeit seiner Sprache: „Dieses Urteil, nämlich die beiden auseinander zu nehmen, hat – wie vorauszusehen – die Verfasserin in die größte Verlegenheit gestürzt. Es ist dem Urteil des Salomon insofern nicht unähnlich, als es sich hier um zwei Mütter und ein lebendiges Kind handelt, welches in zwei Teile geschnitten werden soll."
Diesem Manöver folgten viele und ich meine, alle waren durch eine Perfidität charakterisiert. Unter anderem wird vom Wendehals und von Simson, Vertreter der Notgemeinschaft, die wissenschaftliche Qualifikation von Julius Posener als Zweitgutachter, bestritten und angezweifelt. Er sei ja gar nicht promoviert, wie könne er als Gutachter im Zusammenhang mit einer Doktorarbeit auftreten. Dies war dann auch in Marburg der Grund für Heinrich Klotz, Julius Posener ein Ehrendoktorat, welches ja dann nicht das einzige blieb, zu verleihen. Auch von einer ähnlichen Perfidität gekennzeichnet, probierte die Gegenseite die Demission von Posener als Gutachter herbeizuführen. Seine Reaktion hierauf - ein von Julius Posener an den Fachbereich gerichteter Brief: „Der letzte Satz Ihres Briefes, eben reagierend auf diesen Antrag, verdient über die Kreise der Kunstwissenschaft hinaus bekannt zu werden. Wenn ein Fachbereich einen Co-Referenten über eine bestimmte Arbeit nominiert, und ihm dann mitteilen lässt, übrigens eine Äußerung über die Arbeit Bollerey benötigt der Fachbereich von Ihnen nicht mehr, so kann der Fachbereichsunkundige nur staunen."
Posener widersteht all diesen Anfeindungen, würdigt die Arbeit und schlägt auch die Veröffentlichung beider Arbeiten vor, was dann auch geschieht. Kristiana Hartmann und ich verdanken das Beharren auf unsere beide Arbeiten auch Julius Posener. Die Folge dieses Zusammentreffens war eine lebenslange Freundschaft.

Kristiana Hartmann:

Auch ich war an der Freien Universität Berlin tätig und wollte eine Dissertation über die deutsche Gartenstadtbewegung schreiben. Dies stand, wie wir eben gehört haben, im Zusammenhang mit den Architekturkonzeptionen der utopischen Sozialisten, die Parallelarbeit von Franziska Bollerey.

Wir haben später eine Firma gegründet: B & H Angewandte Stadtforschung. Ich war eine Reformerin, Franziska B. eine Revolutionärin. Ich war Schweizerin. Ich habe mit Otto von Simson über die Reform gesprochen.
Julius Posener habe ich kennen gelernt, als ich in die HfBK gegangen bin, nachdem ich gehört hatte, er weiß etwas über die Gartenstadt, über die englische Gartenstadt.
Er hat innerhalb der Reihe Bauweltfundamente sein Buch über die Englische Gartenstadt, über Howard herausgegeben. Nun wollte ich von ihm hören, was er zur deutschen Gartenstadtbewegung zu sagen hat. Julius Posener zeigte großes Interesse daran, dass jemand über die deutsche Gartenstadtbewegung schreibt. Er hat mich ab 1969 bis zum Ende meiner Promotion 1972 begleitet.
Allerdings, nicht nur das Agieren, nicht nur die viele Arbeit, von der wir bisher gehört haben, sondern die Person, der menschliche Geist, auch diese ruhende Person ist Julius Posener gewesen. Die Art und Weise, wie er geschrieben hat, wie er gesprochen hat, mir scheint, das kriegen wir nicht mehr hin.
Julius Posener war ein Europäer. Julius Posener war aber auch der Vorstadtmensch. Er suchte Ruhe. Er hat sich gerne an der Krummen Lanke ergangen. Ich habe ihn gelegentlich begleitet und ihm dabei zugehört, wie er über Vögel, über Blumen, über die Bäume gesprochen hat, wie er die Erdung gesucht hat. Er saß gern in guten Stühlen, in gut zusammenhängenden Wohnungen in der Vorstadt. Julius Posener, der Kulturwissenschaftler, hat mir meine eigene Lehre der kulturgeschichtlichen Baugeschichte vorgeführt. Dafür möchte ich ihm danken. Er hat dies in einer Zeit getan, in der es nicht üblich war, Hintergründe zu suchen, Zusammenhänge zu suchen, dass man selbst beim Architekten fragt, in was für einer Sozialisation hat er das überhaupt mitbekommen. Ich habe meinen Dank an den Lehrer unter dem Titel „Poesie einer Lebensform" in der von Ulrich Conrads erwähnten Morgengabe zum 85. Geburtstag Poseners folgendermaßen beschrieben: „Nicht die abstrakte Begrifflichkeit, nicht Architektur als bildende Kunst, sondern Baugeschichte als Zeit- und Lebensgeschichte, nicht Aufzählung reiner Architekturform, sondern Lebensformen und Wohnsitten, grundsätzlich Bauen aus der Kultur heraus, „ein episches Bauen", propagierte der Lehrer Julius Posener. Er beeindruckte uns dabei niemals mit reinen Zweckformen, mit ökonomischer Ratio oder mit optischen, eingeengt graphischen oder bewunderungswürdig plastischen Erklärungen. Er verfolgte vielmehr die Poesie der Lebensform, die Notwendigkeit der Illusion für die architektonische Entwicklung, die durchaus irdischen und behaglichen Säfte der Architektur: das Helle, Bequeme, Angenehme, das lebendig Bewohnbare, das Gepflegte und dennoch Sorglose, das Reiche, Zarte, Natürliche, Einfache, beschreibt und erklärt und erklärte, lebendig und belebend – Posener."
Schon der junge Posener schrieb 1932 in der Vossischen Zeitung unter

dem Titel „Stuhl und Sitzmaschine": „Wenn man sich nicht scheut die Freude einmal zu analysieren, die man in einer guten, menschlichen Umgebung empfindet, so wird man schnell merken, dass es nicht das Komplizierte ist, das befriedigt, nicht das Raffinierte, auch nicht das restlos Durchkonstruierte. Was man begrüßt, was einen warm werden lässt, ist vielmehr das Zwanglose im Umgang von Mensch und Ding, das Zutrauliche, Ruhige dieses Umganges.
Es ist die Sicherheit mit der die Sachen an ihrem Platz stehen, die Klarheit, mit der sie ihren einfachen Zweck erfüllen und ausdrücken, die Würde und Heiterkeit, die ihnen eigen ist, weil sie am engsten zu uns gehören, die helle, menschliche Gegenwart." Julius hat geschrieben, gedacht, erzählt und – das ist sehr wichtig – er hat zugehört. Er hat uns das Denken erlaubt, er hat es sogar erwartet, aber mit Ruhe erwartet.
Er hat nicht immer nach einer festgefügten Meinung etwas behauptet.
Er hat die Suche nach der Meinung anderer, auch er war Selbstzweifler, vorgelebt. Er war nicht nur der Kämpfer, sondern der Suchende.

Lore Ditzen:
Es ist ganz schwierig, sich diesen Menschen Julius Posener in New York vorzustellen.
Da, Myra Warhaftig, seid ihr zusammen durch die Straßen gegangen. Ich kann mich erinnern, dass er fasziniert war, aber es auch ganz schrecklich fand. Er, der ja – auch das hat er geschrieben – kein Stadtmensch war.

Myra Warhaftig:

Ich habe bei Julius Posener nicht studiert und meine Begegnung mit ihm lief ganz anders. Ich lebte und arbeitete in Paris und kam, ohne ein Wort Deutsch zu sprechen zu einer privaten Party. Er war auch da.
Ich wusste überhaupt nicht, wer Posener ist. Er kam auf mich zu und fragte, wo ich herkomme. Und daraufhin sagte er mir einen Satz in hebräisch, einen Satz in französisch und einen Satz in englisch. Als ich ihn fragte „Wer sind Sie?" sagte er „I'm the Rolling Stone." Und seitdem waren wir befreundet. Viele Jahre später, als ich an der Uni Assistentin wurde und mit der Dissertation begann, habe ich ihm einen Brief geschrieben und gefragt, ob ich ihn als Gutachter gewinnen kann. Er war an der HfBK und durfte damals keine Doktorarbeit bewerten. Ich habe ihn aber offensichtlich mit meinem Titel „Die Emanzipation der Frau in der Wohnung" provoziert.
Daraufhin schrieb er mir einen zwei Seiten langen Brief über die Emanzipation des Mannes in der Wohnung.
Ich habe Posener auch einmal zufällig im Flughafen von Tel Aviv getroffen. Wir flogen gemeinsam nach Berlin, da hatten wir Gelegenheit viele Stunden zusammen zu sprechen. Eines unserer Themen war der Antisemitismus in Deutschland nach 1945. Ich habe vieles von ihm gelernt. Meine schönste Begegnung aber war, mit ihm New York kennen zu lernen. Er hatte damals, im Jahr 1984, das Stipendium bekommen, an der Columbia Universität ein Buch

zu schreiben in englischer Sprache. Zwei Wochen sind wir auf von ihm gewählten Routen durch die Stadt gelaufen. Er hat immer erzählt und ich habe fotografiert. So ist eine große Zahl von Bildern entstanden. Er war sehr angetan und hat gleich gesagt, wir sollten ein Buch machen. Er hatte bereits ein wunderschönes Vorwort geschrieben, aber das Buch ist noch unveröffentlicht.

Lore Ditzen:
Wir blicken jetzt nach Israel, nach Tel Aviv. Edina Meyer-Maril, Sie haben in Berlin bei Posener studiert und mit ihm als Gutachter promoviert. Nun sind Sie auch Professorin für Baugeschichte in Tel Aviv und auch mit Julius dort unterwegs gewesen. In diesem Land, in dem er gearbeitet hat und in dem er doch nicht bleiben konnte.

Edina Meyer-Maril:

Julius Posener hat mein Leben geprägt, was die Forschung und die Lehre anbelangt, die Art, wie er Architekturgeschichte benutzt hat, um aktuelle Architektur zu beurteilen. Ich denke an eine der Vorlesungen in der TU, in dem großen Saal, dort wo Reuter auch unterrichtet hat, als er über die Philharmonie von Scharoun sprach. Er hatte immer Assoziationen, die lebendig waren, denen man folgen konnte. Und es ging ihm immer um das Jetzt. Er wollte eigentlich die Welt verbessern, die ganze Zeit, mit Hilfe seiner Ansichten, seiner kulturellen Weitschweifigkeit, seiner Tiefe. Zugleich war da diese bemerkenswerte Bescheidenheit. Ich habe nie einen anderen Professor kennen gelernt, der, wenn man ihn angerufen und gesagt hat: „Julius, ich bin aus Israel gekommen" spontan antwortete: „Um 3.00 Uhr, Krumme Lanke, ich hole dich ab." Er war immer bereit, einen zu treffen und zu hören. Und selbst, wenn ich mit den Kindern kam, dann hat er mit denen hebräisch gesprochen. Er war immer in Augenhöhe. Dieses Menschliche ist es glaube ich, was uns so fehlt. Was das Fachliche betrifft, so war er sicherlich kein akademischer Bauhistoriker. Daten oder Genauigkeiten waren ihm weniger wichtig als Zusammenhänge aufzuzeigen. Er hat uns gezeigt, dass Architekturgeschichte interessant ist und dass man damit was machen kann. Ich bin so ein kleiner Ableger in Tel Aviv. Auch in Israel hat er sich verhalten, wie er sich hier zu Lande verhalten hat. Er war immer er selber: keine Fassade und keine Fasson, sondern immer ein zutiefst humaner Mensch und menschenliebender Mensch.

Lore Ditzen:
Und wenn er auch immer im Jetzt war, so war er eben doch sehr engagiert in der Erhaltung dessen, was die Stadt, das Leben in der Stadt ausgemacht hat und was dafür typisch war. Da hat er sich eingesetzt für Denkmalpflege. Doch es ging ihm meistens um mehr. Aufhänger war immer ein einzelnes Haus, aber doch hat es auch immer das Gefüge dessen betroffen. Und so ist aus seinem Lehrstuhl, aus seiner Lehre eben auch ein Denkmalpfleger hervorgegangen: Dietrich Worbs.

Dietrich Worbs:

Ich habe nicht bei Julius Posener studiert. Er war aber mein Lehrer und wurde später mein Freund. Ich kam von Stuttgart nach Berlin, 1971, mit einem Dissertationsthema in der Tasche, dem Raumplan von Adolf Loos nachzugehen. Ich habe mir dann hier in Berlin einen Betreuer gesucht, nämlich Julius Posener. Ich kannte ihn von seinen Veröffentlichungen, die natürlich auch nach Stuttgart gedrungen waren und habe ihn einfach angerufen und ihm gesagt, dass ich ihn mir als Betreuer wünsche, in der Hoffnung, dass er auch einmal Adolf Loos in seiner Jugend begegnet ist. Die Gelegenheit dazu hätte es gegeben. Loos ist wiederholt in Berlin gewesen, hat hier Vorträge gehalten. Es hätte sein können, dass Posener ihn getroffen hätte. Aber das war leider nicht der Fall. Posener war trotzdem sehr interessiert an meinem Thema, an der Aufdeckung der Genese des Raumplanes von Loos und vor allem an der Verwirklichung des Raumplanes, nicht nur in großbürgerlichen Villen, sondern auch im Geschosswohnungsbau und vor allem im Siedlungswohnungsbau für das Proletariat von Wien in den zwanziger Jahren. Ich hatte dann das ungeheure Privileg, jede Woche oder alle zwei Wochen zu ihm kommen zu dürfen für ein bis zwei Stunden und meine Arbeitsergebnisse mit ihm durchzusprechen. Das war natürlich eine wunderbare Zeit.
Wir haben beide voneinander gelernt. Er war auf Loos neugierig, ich war natürlich neugierig darauf, was er zu dieser Rahmenkonstruktion von Loos zu sagen hatte, aus den Erfahrungen heraus mit den Berliner Architekten, mit den englischen Architekten, aus der Erfahrung mit Muthesius heraus und natürlich aus den Pariser Erfahrungen. Das Glück hat sich noch fortgesetzt in einer Zusammenarbeit bei einer Ausstellung, die ich in der Akademie der Künste von 1981 bis 1983 vorbereiten durfte, über das Werk von Adolf Loos zum 50. Todestag 1983. Ich habe Julius dazu überredet, einen Beitrag für den Katalog zu schreiben. Er hat erst etwas widerstrebend reagiert. Das Thema, das ich ihm vorgeschlagen hatte „Die Vorläufer und Zeitgenossen von Loos im Hinblick auf den Raumplan" zu bearbeiten, war ihm etwas fern, was mich gewundert hat. Er hat dann aber zugegriffen, auf mein Drängen hin. Und er hat sich immer mehr eingearbeitet und immer mehr Vorläufer entdeckt, natürlich die ganzen englischen Architekten, natürlich die amerikanischen Architekten, die hochdifferenzierte Raumkonzeptionen in den siebziger/achtziger Jahren des 19. Jahrhunderts bereits realisiert hatten und die Loos natürlich kennen gelernt hatte. Er hat sich in das Thema förmlich verliebt und es ist ein sehr schöner Beitrag geworden. Und ich bin sehr stolz darauf, dass ich ihn zu einem solchen Beitrag im Loos-Katalog anregen durfte.
Ich habe nicht nur einfach mit ihm meine Arbeitsergebnisse besprochen und voran getrieben, ich habe vor allen Dingen bei ihm eine gründliche Einführung in die Denkmalpflege, in

den Denkmalschutz in Berlin bekommen, auf eine eher merkwürdige Art. Wir wurden in unseren Gesprächen sehr häufig von hilfesuchenden Bürgern unterbrochen, die einfach per Telefon bei Posener anriefen und selbstverständlich sofort sein Gehör bekamen. Ihm war es immer wichtig, von einem Muthesius-Landhaus zu hören oder von einer Villa, die in Gefahr war. Das war damals die Zeit, Anfang bis Mitte der siebziger Jahre. Er hat sich dem sofort gewidmet. Und ich als unfreiwilliger Zuhörer habe natürlich sehr viel dabei gelernt, wie er auf die ratsuchenden Bürger eingegangen ist, wie er sie ermuntert hat, wie er sich aber auch selber in die Pflicht nehmen ließ, einzugreifen und zu handeln, mit seinem ganzen Prestige.

Er hat mit seinem Prestige, mit seiner prominenten Statur in Westberlin durchaus gearbeitet. Er hat dann die entsprechenden Bezirksbürgermeister angerufen oder die Baustadträte, notfalls eben auch den Bausenator oder den Regierenden Bürgermeister und hat sich für die gefährdeten Bauten eingesetzt. Seine Erfolge sind ja bekannt, er hat das Haus Cramer, sein Lieblingshaus von Muthesius, buchstäblich vor dem bereits begonnenen Abriss gerettet. Und er hat natürlich auch solche Dinge gerettet oder zu retten versucht, wie die Alte Feuerwache. Ein künstlerisch unbedeutendes, abgestucktes Gebäude des späten 19. Jahrhunderts. Besetzt worden durch Jugendliche, Ende der siebziger Jahre. Er fand es großartig, dass Jugendliche sich ein autonomes Jugendzentrum schaffen und dort ihre eigene Kultur entwickeln wollten, fern ab der Senatsjugendfreizeitheime der damaligen Zeit. Es hat nichts genützt. Der Bezirksbürgermeister von Kreuzberg hat dafür Sorge getragen, während eines noch laufenden Prozesses, sehr schnell Tabula rasa zu schaffen. Ich habe auch später noch mit Posener zusammengearbeitet, als ich längst beim Bausenator war, nach einem Zwischenspiel als Stadtplaner. Ich habe ihm zu helfen versucht, bei dem Versuch, das Rudolf-Virchow-Krankenhaus zu retten, das sehr gefährdet war und dann der neuen Medizintechnik zum Opfer gefallen ist, bis auf das Eingangsgebäude und die Kapelle.

Lore Ditzen:

Zwei Pavillons stehen noch.

Dietrich Worbs:

Die stehen noch? Gut, dann hat es doch was genützt, dass der Landeskonservator noch den späten Versuch unternommen hat, wenigstens die übrig gebliebenen Pavillons von Ludwig Hoffmann unter Schutz zu stellen.

Lore Ditzen:

Sie haben in Ihrer Tätigkeit beim Landeskonservator vieles bewirken können, in der Gefolgschaft von Julius Posener. Jetzt, natürlich fragt man sich, was bleibt. Ist seine Lehre außer in denen, die Sie erlebt haben oder die mit ihm gearbeitet haben, irgendwo dokumentiert? Ein Student hat sich darum gekümmert: Wolfgang Schäche, heute Professor für Baugeschichte.

Wolfgang Schäche:

Ich habe Posener Ende der sechziger Jahre kennen gelernt. Wir probten an der Architekturfakultät der TU damals die Weltrevolution. Wir hatten also nichts mit unseren Professoren zu tun. Doch da drüben, an der HfBK, da gab es einen, dem man zuhörte – Julius Posener sein Name. Und so sind wir, wozu wir ansonsten eigentlich nie in der Lage waren, rüber gegangen zur HfBK und haben uns den angehört. Ansonsten ging man als TU-Student nur zum Fasching an die HfBK, aber nicht um da irgendwelche Lehrveranstaltungen mitzukriegen.
Jener Julius Posener aber hatte es damals, in der Zeit Ende der sechziger Jahre, verstanden, uns zu begeistern in der Art und Weise, wie er sich vermittelte, wie er Architektur – unseren Gegenstand – in der Betrachtung kontextlich reflektierte: das hat uns wirklich imponiert. Und er hat eine Autorität dabei ausgestrahlt und diese Autorität haben wir auch anerkannt, ob schon wir ja wahrlich nicht auf Autorität gepolt waren in diesen Zeiten. Aus dieser Begegnung erwuchs dann das Begehrnis, dass wir ihn 1971, als er emeritiert wurde an der HfBK, zu uns rüberholten, mit einem Lehrauftrag für Architekturtheorie.
Seit diesem Sommersemester war er dann bei uns an der TU für Architekturtheorie zuständig. Und er hat das schließlich bis 1978 durchgehalten. In dieser näheren Zusammenarbeit haben sich alle Facetten, die hier aufgetan wurden, noch einmal bestätigt und ausdifferenziert. Er war wirklich und wahrlich weder ein wissenschaftlich arbeitender Mensch im engeren Sinne, noch ein Forscher. Er war ein Mensch, der über universelles Wissen verfügte, im besten Sinne des Begriffs, über Bildung verfügte. Und mit Hilfe dieser Bildung und diesem Wissen konnte er unendlich viel kompensieren, was er in Archiven niemals gesucht hätte.
Er konnte wunderbar Zusammenhänge klar machen und uns für Dinge begeistern, von denen er vor allem selbst begeistert war.
Das war eines seiner Geheimnisse. Aber, es gibt eben natürlich auch – und davon ist kaum die Rede gewesen – Schwächen. Er konnte niemals „Nein" sagen.
Diese wunderbare Augenhöhe, von der da gesprochen wurde, war natürlich auch für ihn zuweilen fatal. Jeder Anrufer, jeder Mensch, der sich mit ihm in Verbindung setzte, um ein Vorwort bat, einen Vortrag oder was auch immer: Er hat nicht „Nein" gesagt, sondern immer zugesagt.

Lore Ditzen:

Er hat auch Manuskripte weggegeben?

Wolfgang Schäche:

Die Seminare, die Veranstaltungen waren wunderbare Inhalte, aber nicht systematisch. Und so drängten wir ihn schließlich, als er schon 1976 endgültig Schluss machen wollte, eben noch mal mit einer großen Vorlesungsreihe diese Hochschultätigkeit zu beenden. So kam es zu den fünf legendären Vorlesungsveranstaltungen zur Geschichte der neuen Architektur. Ich war sein Adlatus, sozusagen sein zweiter Assistent, und das war auch noch unter sehr kümmerlichen Umständen möglich, weil ihm ja kein vollwertiger Assistent mehr zustand. Insofern war ich für ihn der Diaschieber und Organisator. Und weil er eben nicht „Nein" sagen konnte, hat er tatsächlich Manuskripte weggegeben. Aus Prävention habe ich die Vorlesungen auf einem Tonbandgerät aufgenommen, denn ich stand hinten, musste ja die Dias schieben, hin und wieder die Studenten beraten. Und es geschah nicht nur einmal, sondern häufiger: wenn ich nach vorne kam, war das Manuskript verschwunden, weil irgendein Student gesagt hat „Sie haben eine wunderbare Zitierung eben gerade verwendet, darf ich die mir mal kurz fotokopieren?" Und dann gab er das ganze Manuskript weg und das Manuskript war flöten. Wir mussten dann, als wir für Arch+ die Hefte machten, diese fünf Vorlesungen aus etwa zwölf Vorlesungen rekonstruieren, über das Tonband, weil die Manuskripte nicht mehr da waren.

Das sind wunderbare Erlebnisse gewesen, die aber nichts daran schmälern, dass dieser wirklich geniale Lehrer unendlich viel an Impulsen auf uns abstrahlte, und es ist nicht von ungefähr, dass hier allein auf diesem Podium vier Professoren für Baugeschichte sitzen, im Publikum noch Fritz Neumeyer, der als Student auch ganz nah an Julius Posener dran gewesen ist, dass wir von diesem im besten Sinne dilettierenden Menschen so unendlich viel mitbekommen haben, dass wir in der Lage waren und noch sind, diese Lehre weiter zu tragen und mindestens die Kritikfähigkeit wach zu halten. Ich denke, das ist mehr denn je, wenn man sich heute Architektur betrachtet, notwendig.

Lore Ditzen dankt den Gesprächsteilnehmern und bittet zum Geburtstagsempfang.

Lore Ditzen ist Journalistin mit Schwerpunkten in Kunst, Literatur, Architektur, denen sie als Rundfunkredakteurin, in Fernsehsendungen und als Mitarbeiterin von Zeitungen und Zeitschriften Raum gab. Mitglied des Deutschen Werkbundes seit 1965, zwei Jahre im Vorstand des DWB Berlin, Mitglied der Redaktion von „WERK und ZEIT" (Zeitschrift des Deutschen Werkbundes) von 1976 bis 1983.

Der Architekt als Architekturvermittler

Jan R. Krause

Leben und Werk Julius Poseners stehen für leidenschaftliche Architekturvermittlung. Architekturvermittlung: das ist nicht nur ein schönes Wort, sondern auch eine großartige Aufgabe - wenngleich keine ganz einfache. Denn anders als in der Architekturkritik geht es vordergründig nicht um die wertende Be- oder Verurteilung eines Bauwerks, sondern um die ausgewogene Darstellung von Zusammenhängen, Hintergründen und auch Prozessen. Diese Art der Vermittlung wird umso notwendiger, da die Codes in einer pluralistischen Gesellschaft nicht mehr eindeutig zu dechiffrieren sind. Architektur will gelesen werden. Aber wer die Sprache nicht gelernt hat, der wird die Zeichen schwerlich entziffern können. Sehen und erkennen ist vor allem eine Frage der Bildung, der Prägung. Alle Menschen tragen ihre individuelle Seh-Erfahrung mit sich herum. Architekten vergessen dabei allzu leicht, dass diese Bilderwelt, die ihnen so vertraut und selbstverständlich erscheint, eine eigene Welt ist: Eine Welt, die sie sich erst in jahrelangem Studium erschlossen haben. Für die meisten Menschen sind viele dieser Bilder in der Regel mit anderen Assoziationen, häufig mit Klischees verbunden.
Ich sehe was, was Du nicht siehst, ist ein beliebtes Kinderspiel. Diesen spielerisch suchenden Blick gilt es auch bei der Achitekturbetrachtung anzuwenden, zu vermitteln, wieder zu erlernen. In einer Welt voller visueller Reize haben wir das Sehen verlernt. Das Hinsehen. Das Hineinsehen. Wir neigen dazu, Bilder in vorhandene Raster zu sortieren, mit gespeicherten Bildern in Deckung zu bringen oder zumindest zu vergleichen. Dabei verlieren wir den Blick für das, was wir tatsächlich sehen oder sehen könnten.
In dieser Lust am „zweiten Blick“ liegt das Geheimnis der Architekturvermittlung. Dieser zweite Blick, dieser Blick hinter die Kulissen hat viel zu tun mit architektonischem Denken. Denn architektonisches Denken bedeutet assoziatives Querdenken, bedeutet sich zu öffnen, sich auf neue Themen und Umgebungen einzulassen, scharf zu analysieren, Gewohntes zu hinterfragen, im Dialog Konzepte zu entwickeln, Ideen zu formulieren und konsequent zu verfolgen. Und dies führt wieder zu Julius Posener: Er war kein sturer Daten- und Fakten-Sammler, sondern ein großer Erzähler.

Er stellte überraschende Zusammenhänge her und weckte beim Zuhörer schlummernde Assoziationen. Posener war kein Architektur-Vermittler – er war ein Architektur-Verführer.
Mit Leidenschaft hat er sich der Architektur gewidmet. Und er hatte eine besondere Gabe: Er sprach und schrieb für Jedermann. Immer auf Augenhöhe. Und er hat zugehört. Er konnte andere wunderbar für Dinge begeistern, von denen er selbst begeistert war. Das war eines seiner Geheimnisse. Und das ist sicher auch ein Geheimnis des Erfolgs in der Architekturvermittlung - was Architekten allerdings allzu oft vermissen lassen. Das scheint zunächst widersprüchlich. Denn Architekten lieben ihren Beruf und ihre Aufgabe. Architektur ist für sie mehr als ein Job. Architektur ist ein Lebensgefühl. Doch wer konfrontiert wird mit den spröden Erläuterungstexten vieler Architekten, die beim Städtebau beginnen und mit dem Satz enden „hinten rechts liegen die WCs", der ist verwundert. Der spürt nichts von dem Esprit, von der Leidenschaft, mit der die Architekten den Entwurf ursprünglich entwickelt haben. Dabei ist der Text zum Entwurf, die verbale Beschreibung der Idee so außerordentlich wichtig. Das geschriebene Wort ist keineswegs nur lästiges, notwendiges Übel als Anhängsel zum Entwurf, sondern muss am Anfang stehen, muss parallel entwickelt werden. Architektur ist mehr als nur ein Raum oder ein Bild vom Raum. Architektur ist vor allem eine Idee. Architekturvermittlung ist also Ideenvermittlung und Wertevermittlung. Dies müssen viele Architekten erst wieder lernen.
Der römische Baumeister Vitruv hat mit seiner Formel „Firmitas, Utilitas, Venustas" eine Brücke geschaffen, die Architekturqualität auch für Nicht-Architekten erklärbar und erkennbar macht. Die von ihm postulierte untrennbare Dreiheit von Standfestigkeit, Funktionalität und Sinnlichkeit hat bis heute ihre Gültigkeit. Dies sind nach wie vor die Kriterien, nach deren Zusammenwirken sich Architekturqualität trefflich ermitteln und beschreiben lässt. Architekten unterscheiden oft zwischen „Bauen und Architektur". Eine Unterscheidung, der außerhalb der Fachwelt kaum jemand so schnell folgen kann. Löst man aber die Vitruvsche Formel auf, so wird deutlich, was den Unterschied ausmacht: was Architektur zu Architektur macht und wann wir in der Tat nicht von Architektur sprechen können. Nur wenn alle drei Kriterien erfüllt sind entsteht wirklich Architektur.
Wenn nur eine einzelne Komponente eine Rolle spielt, dann handelt es sich vielleicht um einen Tunnel, ganz gewiss aber nicht um Architektur. Und selbst wenn zwei Aspekte zusammenwirken, aber der dritte fehlt, dann kann man allenfalls von einem Bauwerk sprechen, nicht aber von

Architektur. Das kann jeder sehr einfach im Alltag überprüfen.
Über dieses Instrument lässt sich ein sachlicher Dialog führen. Diese Matrix, diese Kriterien fordern heraus zum zweiten Blick, zum genauen Hinsehen. Wer das für sich erkannt und anerkannt hat, der darf trotzdem immer noch sagen, aus ganz persönlichen, subjektiven Gründen gefällt mir ein Gebäude nicht - das tun Architekten ja im Übrigen auch - aber sie werden trotzdem in der Lage sein, anzuerkennen, dass es sich um Architektur handelt. Damit wäre eine wesentliche Basis für die Architekturvermittlung geschaffen.
Es liegt in der Hand der Architekten, die mit ihrem Werk verbundenen Qualitäten und Ideen zielgruppengerecht zu vermitteln. Andernfalls kratzt die öffentliche Debatte nur an der Oberfläche von Form und Material. Oft scheitert es nicht an einer guten Information, sondern an der unspezifischen Darstellung. Was im Grunde wie selbstverständlich klingt, wird meist versäumt, nämlich die Information für verschiedene Zielgruppen individuell und zielgruppengerecht aufzubereiten und außerdem dafür das richtige Medium zu wählen.
Medienkompetenz und Medienmanagement gehören zu den neuen Schlüsselqualifikationen im gewandelten Berufsbild des Architekten. Dies bedeutet keineswegs, alles selbst zu machen, sondern sich ebenso selbstverständlich mit Medienfachleuten zu umgeben wie im Planungs- und Bauprozess mit anderen Fachingenieuren. In diesem Zusammenhang ist der von Architekten nicht ohne Skepsis betrachtete Begriff des Marketing zu untersuchen und auf die kulturelle Leistung des Architekten zu übertragen. Anders als bei der Vermarktung einer Ware ist Architekten-Marketing in erster Linie ein Akt der Vermittlung von Werten. Hier haben Architekten in eigener Sache einiges nachzuholen, was in Erziehung, Schule und Studium versäumt beziehungsweise von Politik und Verbänden nicht oder nur in unzureichendem Maße geleistet wird. Nicht nur die große Zahl von 115.000 in der Architektenkammer eingetragenen Architekten, Innenarchitekten, Landschaftsarchitekten und Stadtplanern, sondern auch das sich wandelnde Berufsbild erfordert die Spezialisierung und vor allem die Positionierung. Hier setzt der Masterstudiengang AMM Architektur Media Management der FH Bochum an, um angehenden Architekten frühzeitig professionelles Kommunikationsmanagement zu vermitteln. Die Idee, die dahinter steckt, ist einfach: Gute Architektur braucht gute Öffentlichkeitsarbeit. Große Architekturbüros in Deutschland haben dies längst erkannt und beschäftigen eigene Mitarbeiter für Pressearbeit und Ausstellungsorganisation. Doch nur selten kommen diese Spezialisten für Kommunikation aus der

Architektur, sondern meist aus Kunstgeschichte oder Kulturwissenschaft. Dabei sollten Architekten doch am besten wissen, wovon sie sprechen beziehungsweise schreiben. Genau das haben sie aber nie gelernt. Die Kunst der Architekturvermittlung ist im Architekturstudium - nicht nur in Deutschland - unterentwickelt. Hierfür wurde an der FH Bochum ein ausgewogenes Programm aus Medienkommunikation und Mediendesign entwickelt. In zwei kompakten Semestern erlernen junge Architekten Kommunikationskonzepte, Darstellungstechniken und Marketingstrategien. Das Produkt architektonischer Vision wird hoch bewertet. Denn Komplexität und Nachhaltigkeit erfordern Imaginationsfähigkeit. Aber nur wenige Menschen sind geschult, die allumfassende Vorstellungs- und Darstellungskraft zu aktivieren, die Architekten besitzen. Diese Dimension des Architektenberufes gilt es zu kultivieren und zu kommunizieren. Architektur und die Leistung des Architekten erschließen sich nicht (mehr) von selbst. Der Architekt muss in die Rolle des Architekturvermittlers hineinwachsen oder sich professioneller Unterstützung bedienen. Die notwendige Modernisierung des Berufsbilds vom Architekten und des Architekturstudiums ist in vollem Gange. Dabei ist es wichtig, den Wandel mit einer Wertediskussion zu begleiten, Bildung, Kultur und Zukunftsperspektiven neu zu verknüpfen, die technologische Revolution mit der existentiellen Frage der Nachhaltigkeit zu verbinden, die nicht nur ökologisch, sondern auch sozial und kulturell definiert werden muss. Das Zusammendenken komplexer Sachverhalte und das Experimentieren und Visualisieren als Vorschau einer möglichen Zukunft ist etwas, was der Architekt täglich leistet. Der Architekt ist der Spezialist für das Ganze. Er ist der Schnittstellenmanager. Hier steht der Architekt als Architekturvermittler im besten Posener'schen Sinne vor einer großen Herausforderung von außerordentlicher gesellschaftlicher Relevanz.

Jan R. Krause ist Professor für Architektur und Media Management an der FH Bochum, einem im deutschen Sprachraum einzigartigen Masterstudiengang für Architekturvermittlung. Er studierte Architektur an der TU Braunschweig, ETH Zürich und TU Wien, besuchte die Journalistenakademie Baden-Württemberg und absolvierte ein Volontariat im Alexander Koch Verlag. Nach vier Jahren als Redakteur und CvD bei der Architekturzeitschrift AIT wechselte er zur Eternit AG in Berlin als Leiter Marketing und Unternehmenskommunikation. Seit 2003 ist er im Vorstand des Deutschen Werkbunds Berlin.

Architektur und Kommunikation im Zeitalter der Mediengesellschaft

François Burkhardt

Vor zehn Jahren hat uns Julius Posener verlassen. Die beste Art ihn zu erinnern – scheint mir – ist die Methode, Poseners historisch-kritischen Geist in unsere Zeit hinein zu verlängern, indem man versucht, die technologischen Entwicklungen der vergangenen Jahre zu analysieren und die neuen daraus entstandenen Probleme – insbesondere des digitalen Netzwerkes – in ein Verhältnis zur Architektur und zur Stadt zu setzen und ihre Auswirkungen auf Umwelt, Bauwerke und auf das menschliche Verhalten zu erkennen.
Julius Posener war für seine Art bekannt, mit der er sich den Fragen des Bauens näherte, ausgehend von Technologien und Produktionsprozessen. Deshalb dachte er darüber nach, wie man auf die negativen Aspekte reagieren sollte, um zu erträglichen Lösungen zu kommen, die aus seiner humanistischen Sicht vertretbar wären.
Hier einige Überlegungen zu diesem Thema. Marshall McLuhan hatte Recht, als er bereits 1964 vorausgesehen hatte, dass der Computer Veränderungen in den zwischenmenschlichen Beziehungen von einem solchen Ausmaß hervorrufen würde, dass sie die Art zu denken, die Form der Sprache und das soziale Verhalten transformieren würden.
Er prophezeite, dass sich die Prothesen des Menschen, die Stadt inbegriffen, in Informationssysteme überführen lassen würden.
So, wie sich seiner Auffassung nach die Industriegesellschaft in eine riesige Maschine verwandelt hatte, wird die Informationsgesellschaft einem komplexen Nervensystem ähneln, das in der Lage sein wird, Daten von außen zu empfangen und diese neu zu generieren. Ein Prozess, der eine kontinuierliche Metamorphose mit sich bringen wird.
Die Gesellschaft der Mechanisierung hat mit ihren Mythen der Rationalisierung und des Fortschritts bedeutenden Einfluss auf die Entwicklung der Industrialisierung gehabt. Und sie hat eine wesentliche Spur in der so genannten modernen Architekturtheorie hinterlassen. Die auf die Moderne folgende Phase hängt eng mit dem Zeitalter der digitalen Technologien zusammen. Diese veränderten die Gesellschaft seit über dreißig Jahren tiefgreifend in allen Bereichen des täglichen Lebens.

Sie haben es aber kaum geschafft, die Architektur wirksam zu beeinflussen, abgesehen vom Einsatz digitaler Maschinen im Planungsprozess des Architekten. Auch wenn man versucht, uns deutlich zu machen, dass es eine neue Computersprache in der Architektur gebe, ist diese nur an der Oberfläche erkennbar (Blob-Architektur genannt). Noch gravierender für den Berufsstand der Architekten ist jedoch, dass sich die Debatte, die Theorie, die Forschung und die Anwendung dieser Technologien außerhalb ihres Einflussgebietes entwickeln.
Betrachtet man das Thema ausschließlich unter seinen technologischen und anlagetechnischen Aspekten und delegiert man diesen Bereich an Firmen und spezialisierte Ingenieure, als wäre er mit den einfachsten Belüftungs-, Heizungs- und Klimaanlagentechnologien vergleichbar, dann katapultiert sich der Architekt aus dem Gestaltungsprozess. Die Architektur wird von der Informatik unsichtbarerweise eingenommen. Und wieder einmal gibt die Ingenieurforschung den Impuls. Wie kann also der Architekt diesen Prozess mitbestimmen?
Die französische Schule der zeitgenössischen Philosophie, von Jean-Francois Lyotard bis Paul Virilio, hat die Architekten zu Recht daran erinnert, dass die postmoderne Kultur, die mit einem falsch verstandenen Begriff in die Architektur eingegangen ist, etwas ist, was nicht die Ästhetik oder den Stil betrifft, sondern die Veränderungen, die durch die neuen digitalen Technologien herbeigeführt werden, sowie ihre Auswirkungen auf die Gesellschaft und somit auf die Fähigkeit der Veränderung, vor allem im Bereich des Wissens.
Paul Virilio, ein Experte des Studiums dieser Folgen – insbesondere durch seine Forschung über die Geschwindigkeit (die Dromologie) – informiert uns über die epochalen Veränderungen, die durch die Einführung neuer digitaler Technologien hervorgerufen werden, wie zum Beispiel der Verlust von Raum- und Zeitvorstellung, welcher wichtige Auswirkungen auf den Begriff von Geschichte, Vergangenheit und Zukunft hat; oder auch der Verlust des Tastsinns, hervorgerufen durch die Bidimensionalität, und der Verlust des Bewegungssinns, der durch den Übergang von einer Zeit der Aufeinanderfolge zu einer Zeit der Simultanität zu einer der Augenblicklichkeit verursacht wird.
Es ist offensichtlich, dass Erfahrung und Sichtbarkeit der mechanischen Funktionen mit dem Aufkommen der digitalen Technologien untergehen. So verschwindet die Funktion des Erfassens und damit die Erfahrung der physischen und körperlichen Sensibilität. Ein Beispiel hierfür ist das Weglassen der Türklinke, die wie im „intelligenten Haus" durch mit Sensoren ausgestattete Bildschirme ersetzt wird. Darüber hinaus ver-

zichten die digitalen Technologien darauf, die Ausschilderung, die die Funktionen sichtbar macht, hervorzuheben. Dies führt zu einer ikonographischen Reduktion des Objektes, das bisher durch seine Produktsprache kommuniziert. Sein Gebrauch wird durch die Reduktion „mentaler" und weniger visuell erfahrbar, der kognitive Wert somit schwieriger. Gesten wie fassen, schieben, drücken werden durch die einfache Berührung von Sensoren ersetzt, wodurch die Beziehung vom Auge zur Hand aufgelöst wird.

Und nicht nur das: Die digitalen Technologien verändern auch die Optik, die sich von der Geometrie hin zur elektronisch-optischen Wahrnehmung entwickelt und sich den Räumen der virtuellen Realität öffnet. Hier zeigen und erzeugen die Räume unmittelbar eine neue Form von Wahrnehmung, die sich gegenüber der Realität zu behaupten scheint. Schon Einstein hatte – so erinnert uns Virilio – festgestellt, dass man sich an die Idee gewöhnen muss, dass es keine fixen Punkte im Raum mehr gibt.

Um zur Ästhetik von Industrieprodukten zu kommen, können wir einen Vergleich zwischen europäischen und japanischen Automodellen wagen, um den Unterschied von modernen und postmodernen Stilmerkmalen zu zeigen. Das europäische Autodesign orientiert sich vor allem an einem Ansatz, der typisch ist für das „Made in Italy": Die Beziehung zwischen Technik und Stil entwickelt ein Design, welches auf die Forderung nach mechanisierter Eleganz antwortet. Die japanischen Modelle versuchen die Tatsache hervorzuheben, dass die Form nicht mehr die innere Mechanik widerspiegelt, sondern die Mühelosigkeit des Fahrens, das Erkennen und die Handhabung der Befehle, die automatische Kontrolle der Ortsbestimmung, die Kommunikation über Radio und Telefon, das klimatische Wohlbefinden, die Kontrolle des Energiesparens und die automatischen Sicherheitsmechanismen darstellt.

Diese Kriterien entsprechen am unmittelbarsten der digitalen Ära. Auch wenn beide im PKW sehr viele Digitaltechnologien eingebaut haben, so ist das europäische Modell schöner, das japanische macht aber die neue Technologie sichtbarer und erfahrbarer.

Auch der Übergang von einer Mobilitätsgesellschaft zu einer „Sesshaftigkeit" (Virilio) wird zu einer Zivilisation des Vergessens beitragen, zu einer extrem präsenten, telepräsenten Gesellschaft (live coverage), die als Konsequenz den Verlust der Erzählung über die Orte und somit einer Orientierung der Welt haben wird.

Die Feststellungen von Virilio müssen auch unter dem Gesichtspunkt der Stadtplanung betrachtet werden. Anstelle des räumlichen Abstands von geografischer Anordnung, die auf der Geometrisierung der einst ländlichen Besitztümer (Parzellen) und später städtischen Güter (Kataster) basiert, tritt heute der Abstand einer dritten Art, der Geschwindigkeit, die eine tiefe Veränderung im Verhältnis von Menschen, Umwelt und Leben verursacht. Die Urbanisierung der realen Zeit, ermöglicht durch die noch junge Revolution der Kommunikation, führt zu einer Umkehrung in der Ordnung der Bewegung und des sich Bewegens sowie des physischen Transports. Die Fernsteuerung macht es möglich, die materielle Infrastruktur zu beseitigen (Serien von Wellen, Telekontrolle etc.). Die Strecken ändern sich ohne jegliche physische Bewegung. Alles kann geschehen, ohne dass man abfahren muss.

Die visuelle Mobilität der Personen ist eine Prozedur, die körperliche Anstrengung eliminiert. Teleshopping und Telearbeit von zu Hause erfordern nur Mobilität am Ort. Sobald sich die häusliche Landschaft ändert, verändert sich aber auch die Stadt. Der Mensch wird vom großstädtischen Bürger zum sitzenden Bürger am Computer mit interaktiven und hyperausgestatteten Prothesen, die ihn dazu bringen, von den Maschinen, mit denen er in Dialog tritt, versklavt zu werden; wodurch ihm ernsthafte motorische Handicaps entstehen.

Das Aufkommen der „häuslichen Trägheit" vor dem Computer und die allgemeine Verbreitung der Umweltkontrolltechniken implizieren unter anderem das Risiko einer durch das Verhalten erzeugten Isolation, der Erschaffung von Inseln, die sich in Ghettos verwandeln können. Wie sollen sich dann die Städte, die öffentlichen Räume, die Häuser und die Innenräume entwickeln? Der Einfluss der digitalen Technologien ist ein Phänomen, das alle Nutznießer betrifft. Welche Funktionen bekommen dann zum Beispiel noch die öffentlichen Räume? Es scheint unumgänglich, dass neue Szenarien interdisziplinärer erdacht und erprobt werden. Hierbei kommt den Architekten eine entscheidende Rolle zu.

Man muss die Chancen verstehen, aber auch die Gefahren dieser Evolution sehen, um sie „human", vital und sozial in den Dienst der Menschen und einer adäquaten Umwelt zu stellen. Dieses Ziel muss durch den zivilisatorischen Fortschritt der postmodernen Gesellschaft erreicht werden (wozu die digitalen Technologien zweifellos gehören), die entwickelt und nicht rückschrittlich sein sollte, damit sie „den Raum suchen kann, der diese positive Idee des Lebens im elektronischen Zeitalter reflektiert" (Toyo Ito), die wir noch nicht erreicht haben.

Es ist mir bewusst, dass die Welt der Architektur auf diesem Gebiet schon einige Beispiele von guter Qualität geliefert hat, wie zum Beispiel das Haus des Ingenieurs Werner Sobek in Stuttgart. Ein typisches Beispiel für die Wiedererlangung von modernem Geist mit technologischen Anpassungen.

Es ist ein Werk, das einen interessanten Anhaltspunkt liefert, der allerdings immer noch außerhalb einer wie oben angedeuteten Debatte liegt.
Trotz allem informatisiert sich die Baukunst durch die Einführung neuer Technologien, die die Architektur zu Leichtigkeit und Flexibilität führen, die Schwere und Dauerhaftigkeit ersetzen. So ist das eigene Haus des Ingenieurs Sobek aus einer Vorstellung von Technologie (fortschrittlich) und Form (nicht dem Geist des Fortschritts entsprechend) entstanden, die anderen Produktionssparten, wie dem Bereich der Automobil- oder Aeronautikindustrie entlehnt wurde.
Das Sobekhaus gehorcht mit seiner schmucklosen und strengen Ästhetik noch einer Vorstellung, die der Spur der Modernität folgt, transparent und auf eine perfekte Hülle ausgerichtet, wie sie Mies van der Rohe mit den Möglichkeiten seiner Zeit realisiert hat. Mit seiner Idee von einer präzisen Normierung (gemeint ist eine Reduzierung der Toleranzen, wie sie in der Automobilindustrie praktiziert wird, und eine automatische Herstellung einzelner Teile, die dann montiert werden) und der Autonomie des Produktionssystems von Energie, dank einer bestimmten Anzahl von mechanischen Funktionen, die durch digitale ausgetauscht werden, macht das Haus von Sobek den ersten Schritt zu einer Architektur, „die einen Raum kreiert, der die Idee von einem Leben im Zeitalter der Elektronik widerspiegelt" (Toyo Ito).
Tatsächlich muss man die elektronischen Technologien entsprechend der neuen Prinzipien zusammenführen, nach neuen Vorstellungen, die einem erneuerten Geist des Architekturmachens entspringen. Man muss die propagierte Idee des „Computer Integrated Building" überwinden, um zu einer neuen Vorstellung zu gelangen, die zu einer anderen Art der Architektur führt.
Die ins Auge gefasste Zielsetzung ist es, die virtuellen Möglichkeiten zu nutzen, die der Computer in das architektonisch Vorgestellte bringt; sich nicht damit abzufinden, den Rechner als ein Instrument der Arbeitsorganisation zu benutzen, sondern einzusetzen für eine neue Vorstellung von Architektur- und Stadtplanung. Welche Form eine solche Vorgehensweise in den nächsten Jahren annehmen und welche Art von Architektur sie produzieren wird, ist die Frage.
Es ist eigenartig zu beobachten, wie es einer für die Architektur so markanten Fragestellung nicht gelingt, ein zentrales Thema für die zeitgenössische Architektur zu werden. Wir können uns nicht mehr damit trösten, uns zu beschränken und in jede neue Architektur technische Produkte einführen, die uns vorgeschlagen werden, ohne dass wir zu den Wurzeln des Prozesses zurückkehren.

In der Zeit, in der wir leben, ist es notwendig, ein Forum zu bilden, einen Ort, an dem diese Debatte geführt werden kann. Einen Ort, an den sich die Architekten begeben, um neue Wege für die Architektur zu suchen, nicht nur um Informationen zu erhalten. Dieser Ort könnte der Deutsche Werkbund sein. Ich glaube, Julius Posener würde diesen Vorschlag gutheißen und selbst an dieser Debatte teilnehmen, die unter seiner Führung von großer Lebhaftigkeit wäre.

Aus dem Italienischen übersetzt von Filippa Carlini.

François Burkhardt ist Architekt und arbeitet vorwiegend als Historiker und Kritiker in Architektur und Design. Art-Direktor von Thonet, Vienna und Arnolfo di Cambio. Leitete das Kunsthaus Hamburg, das Internationale Design Zentrum in Berlin und das Centre de Création Industrielle im Centre Pompidou in Paris; war Professor für Design-Geschichte und Theorie an der Hochschule für Angewandte Kunst in Wien, an der Hochschule der Bildenden Künste Saar in Saarbrücken, am Instituto Superiore per le Industrie Artistiche in Florenz; Direktor der Zeitschriften Traverse, Domus, Crossing, Rassegna; Vorstandsvorsitz des Design-Labor Bremerhaven; zahlreiche Publikationen im Bereich Architektur, Design und Kunsthandwerk.

Architekturvermittlung: Von der Ausstellung zum Museum

M. Jean-Louis Cohen

Architektur auszustellen ist ein einfaches Unterfangen, aber diese Aussage kann man auf verschiedene Weise verstehen. Geht es darum, die Architektur der öffentlichen Betrachtung „auszusetzen"[1], wie man ein verlassenes Neugeborenes an der Pforte eines Krankenhauses aussetzt – oder darum, den Schleier von ihren Geheimnissen zu ziehen? Sie in all ihren Dimensionen zu präsentieren und dabei die treibenden Kräfte aufzuzeigen, von den offensichtlichsten bis zu den geheimsten, gleichzeitig aber auch alle Dokumente, alle Spuren zu Tage zu fördern – das war das besondere Anliegen der Programme, die ich zwischen 1998 und 2003 für die Cité de l'architecture et du patrimoine[2] im Palais Chaillot in Paris entwickelt habe.
Dass man die a priori öffentlichste aller Künste ausstellen müsse, verwundert immer wieder. Von allen Künsten ist schließlich die Architektur am meisten vor aller Augen ausgestellt, denn sie formt den menschlichen Lebensraum. Es ist dabei unvermeidlich und unumgänglich im ursprünglichen Sinn des Begriffs, dass eben diese Präsenz blendet. Überdeutlich auf Grund ihrer eigenen Evidenz, kann die Architektur in ihren Feinheiten praktisch unsichtbar werden. Diese Unsichtbarkeit hängt von verschiedenartigen Ursachen ab, die einen ästhetischer, die anderen historischer Art. Die Besonderheit der formellen Codes, denen Gebäude unterliegen, macht sie manchmal undurchsichtig. Das gilt beispielsweise für bestimmte Wohnsiedlungen, deren wohldurchdachte Bezüge nicht wahrgenommen werden. Überdies erlaubt es die erzwungene oder alles andere ausschließende Anpassung bestimmter Gebäude nicht mehr, ihren ursprünglich experimentellen oder innovativen Charakter zu erkennen. So im Fall der von Beaudouin und Lods entworfenen Cité de la Muette in Drancy bei Paris, die während des Zweiten Weltkriegs in ein Konzentrationslager ungewandelt worden war und deren ursprünglicher historischer Sinn verloren gegangen ist.
Wenn man, was riskant sein mag, eine Metapher aus der Fotografie benutzt, dann bedarf die Architektur einer „Entwicklung", damit sie in ihren Bestandteilen und ihrer Materialität erfasst werden kann. Seit mehr als zwei Jahrhunderten wurden vielfältige Strategien ausgearbeitet, um

die Architektur darzustellen, ihr Bild zu bestimmen und zu vermitteln. Tatsächlich werden mit dem Auftauchen von Architekturzeichnungen in den Salons des 18. Jahrhunderts Dokumente, die bisher lediglich der internen Verständigung in den Architekturbüros und dem Dialog mit den Bauherrn gedient hatten, regelmäßig öffentlich gezeigt. Die Zeichnungen waren zudem seit einigen Jahrzehnten zu Sammelobjekten geworden, und es wurden die ersten Gebäude entworfen, die sie aufnehmen sollten, so die von John Talman um 1710 für die Aufbewahrung seiner Sammlung von Palladio-Zeichnungen entworfene Bibliothek. Erstaunliche Sammlungen wurden damals angelegt, selbst in St. Petersburg, wo die Kunstakademie einen Fundus von riesigen barocken Modellen verwahrt.

Ende des 18. und Anfang des 19. Jahrhunderts tragen einige, voneinander unabhängige Unternehmungen zur Erfindung des Architekturmuseums bei. Sie gehen von Malern aus, die eine Leidenschaft für Landschaften und alte Gebäude entwickeln, wie z.B. Louis-François Cassas, der 1808 in der Rue de Seine in Paris seine Galerie mit Modellen aus Kork und Speckstein[3] eröffnet, oder Architekten wie John Sane, dessen Sammlungen von Ornamenten, Modellen und Zeichnungen das Londoner Publikum 1826 besichtigen konnte. Das Musée des monuments français[4] von Alexandre Lenoir hat einen gänzlich anderen Ursprung, denn es geht zurück auf die Zurschaustellung von Skulpturengruppen und Gebäudefragmenten, die davor bewahrt wurden, in alle Winde zerstreut zu werden; sie wurden chronologisch geordnet, was für diese Zeit eine Neuerung darstellte. Trotz ihrer Verschiedenartigkeit und nur kurzen Dauer zeigen diese Versuche eine doppelte Absicht, nämlich das Publikum zu belehren und den Architekten und Künstlern geeignete Modelle zu präsentieren, um ihren Geschmack zu bilden und ihre Fantasie anzuregen.

Seit der Ausbildung dieser ursprünglichen Szene entwickelt sich die Präsentation von Architektur nach zwei Prinzipien: dem der im Wesentlichen historisch aufgebauten permanenten Sammlung und dem der Ausstellung.

Die weitere Entwicklung dieser beiden Prinzipien verläuft unterschiedlich. Die musealen Sammlungen entwickeln sich in Schüben seit der Restaurtion, bleiben aber insgesamt von geringer Zahl, während die Ausstellungen zum Schauplatz der technischen und formalen Innovation werden. Bei den dem Spektakel der Ware gewidmeten Weltausstellungen und nationalen Ausstellungen des 19. Jahrhunderts treffen die neuen Architekturen des Industriezeitalters aufeinander, und zwar sowohl in der vereinheitlichenden Form der großen Behälter, also der sie umschließenden Hallen aus Glas

und Metall, als auch in den historisch vielfältigen Formen der Pavillons, die exotische oder regionale Stile erkennen lassen.
Dabei zeigen sich zwei Entwicklungslinien der Ausstellungsstrategien, die damals in sehr unterschiedlicher Weise umgesetzt wurden. Die erste besteht darin, den tatsächlichen Maßstab des Bauwerks darzustellen, und zwar durch die Wiedergabe seiner Bestandteile in wahrer Größe oder durch Rekonstruktion. Diese bei den Weltausstellungen häufig zu beobachtende Vorgehensweise ist auch die der ersten Freilichtmuseen, die in Skandinavien und auf dem Balkan geschaffen werden und der Feier der regionalen Architektur gewidmet sind. Die Abgüsse des Musée de sculpture comparée[5] stehen ebenso in dieser Tradition wie in derjenigen der Reproduktionen antiker Skulpturen, die seit dem 18. Jahrhundert angefertigt werden.
In der Beziehung zwischen den großen, in ihm aufgestellten Architekturelementen und dem Gebäude aus Stahl und Glas, das sie umgibt, ist das Musée de sculpture comparée im Palais Chaillot einzigartig. Man kann es in Beziehung setzen zu einem Gedanken von Walter Benjamin, für den im 19. Jahrhundert das Bauen „die Rolle des körperlichen Prozesses" spielt, um den herum die „künstlerischen" Architekturen sich angelagert haben wie Träume um das „Gerüst" des physiologischen Prozesses. In einem Museum, das der Feier der großen Augenblicke der französischen Architektur gewidmet ist, bekommt aber in Wahrheit gerade umgekehrt das industriell gefertigte Gewölbe, das denen der Bahnhöfe oder Markthallen ähnelt, den Status eines Traums.
Die zweite Tradition, die in den Architekturausstellungen wirksam wird, ist diejenige der Präsentation von Dokumenten, die sich auf Gebäude gleich welcher Art beziehen. Diese Darstellungen – von Modellen, wie sie bereits seit der Antike verwendet wurden, über Zeichnungen bis hin zu Fotografien und allen Formen der Simulation von Realität – stellen historisch eine Parallelerscheinung zum Bauen selbst dar. Die erste Tradition hat seit der Industriellen Revolution zur Verlagerung der Bauten in die abgegrenzten Bereiche von temporären Ausstellungen oder Freilichtmuseen geführt; sie manifestiert sich beispielsweise in der Stuttgarter Weißenhofsiedlung und in allen Mustersiedlungen. Die zweite Tradition hat parallel dazu die Veränderungen der architektonischen Kultur manifestiert – bis hin zu dem Punkt, dass sie diese Veränderungen mehr zu akzentuieren scheint als die realisierten Bauten selbst. So beruht die berühmte Ausstellung, mit der das Museum of Modern Art in New York 1932 die Bezeichnung „internationaler Stil" durchgesetzt hat, auf dieser Tradition: Um Schwarz-Weiß-Fotos und Modelle der Villa Savoye

von Le Corbusier, des Bauhauses von Gropius, der Villa Tugendhat von Mies van der Rohe und eines Hauses von Oud herum wurde der Mythos vom neuen „Stil" konstruiert – eine formalistische Reduktion der viel ernsthafteren sozialen Problemstellungen des Neuen Bauens, deren wahre Bedeutung in Stuttgart gezeigt worden war.
Die in Frankreich übliche – übrigens praktisch nicht übersetzbare – Definition des Bauvorgangs ist in diesem Fall erhellend, indem sie eine Unterscheidung zwischen „l'ouvrage"[6], also dem Bauwerk, und „l'œuvre"[7] trifft, also der geistigen Vorwegnahme und Darstellung des gemeinten Bauwerks. L'ouvrage steht im Mittelpunkt der ersten Tradition, derjenigen der Freilichtmuseen und Weltausstellungen, aber auch des Musée des monuments français. „L'œuvre" dagegen steht im Mittelpunkt der zweiten Tradition, derjenigen der Kabinette für Zeichnungen und Modelle und der Ausstellungen vom Typus Kunstausstellung. Die Grenzen zwischen diesen beiden Genres sind nicht immer undurchlässig. So hat z.B. 1946 Paul Nelsons denkwürdige Ausstellung Techniques américaines de l'urbanisme et de l'habitation 1940-194X[8] unter dem Dach des Grand Palais vorgefertigte Häuser und grafische Dokumente zusammengefasst – im Dienste der Werbung für einen American Way of Building als Beitrag zum Wiederaufbau.
Verständlicherweise leisten Architekturausstellungen keinen eindeutigen Beitrag zum Wandel der Disziplin und zur Stadtplanung. Ihre alte Funktion des Motivierens und Auszeichnens hat sich im Umfeld der Salons und Akademien der klassischen Periode herausgebildet; sie lebt fort in den abgehobenen Sphären der Hochschulen und in kulturellen Veranstaltungen. Aber im Gegensatz zu den offiziellen Zeremonien waren Ausstellungen auch immer wieder bevorzugte Mittel der Rebellionen gegen konservative Positionen. Von der Ausstellung der Wiener Secession im Jahre 1896 bis zu derjenigen der „unbekannten Architekten" – mit der die Periode des deutschen Expressionismus nach der Niederlage von 1918 einsetzt – haben die rebellierenden Gruppen der österreichisch-deutschen Architektur dieses Mittel in großem Umfang genutzt. Ein halbes Jahrhundert später formulieren die englischen Architekten der Independent Group mit provozierenden Ausstellungen Positionen, die dann dem revisionistischen Vorstoß des Team Ten zugute kommen und die Debatte über die Pop Art prägen. Als brauchbare Mittel der Subversion und Provokation lieferten Architekturausstellungen auch die Leitlinien konservativer und nostalgischer Kampagnen. So wollte 1976 das Museum of Modern Art in New York in gewisser Weise die Periode der Moderne vorläufig abschließen, indem es die Architektur

der École des Beaux-Arts ausstellte – bevor dann die Strada Novissima der Biennale von Venedig 1980 einen historistischen und eklektischen Ansatz anbot.
Da sie neue Ideen aufzeigen, alles Verdrängte wieder vergegenwärtigen, bieten Architekturausstellung in selteneren Fällen auch die Gelegenheit zur tatsächlichen Darlegung der Probleme, der Arbeitsweise von Architekten, da sie ein Fenster öffnen zum geheimen Laboratorium des Erfindungsgeistes, vermittelt über Spuren, also Notizen, Skizzen, Hinweise. Dank bemerkenswerter monografischer Ausstellungen konnte man Näheres erfahren über die Entwurfsmethoden von Le Corbusier, Louis Kahn, Carlo Scarpa, Alvar Aalto, Mies van der Rohe und vielen anderen.
Das Ausstellen von Architektur beschränkt sich aber nicht auf die feierliche Darstellung der großen Leitfiguren, und sei sie intellektuell noch so anspruchsvoll. Ausstellungen haben eine bedeutende Rolle für die Unterstützung demokratischer Prozesse gespielt. Die Allgemeine Städtebauausstellung in Berlin bot 1910 die Gelegenheit zu einer Debatte über Struktur und Gestalt von Groß-Berlin, und damit bildete sie einen Präzedenzfall, auf den sich dann die Ausstellungen von 1931 und 1957 beziehen konnten, in denen der Bevölkerung neue Wohnformen vorgeführt wurden. Die von Oskar Storonoy und Louis Kahn 1945 in Philadelphia organisierte Ausstellung war grundlegend für die öffentliche Diskussion über Städtebaupolitik. Auf einer ganz anderen Ebene bedeutete 1988 die Schaffung eines Ausstellungsorts wie des Pavillon de l'Arsenal einen Bruch mit der von der Pariser Stadtverwaltung kultivierten Geheimniskrämerei. Indem sie visuelle Mittel einsetzen, fördern Ausstellungen das Vorstellungsvermögen, ohne das eine öffentliche Diskussion über Städtebaupolitik praktisch nicht möglich ist.
Während sie noch bis 1970 eher Ausnahmen darstellten, haben Architekturausstellungen in den drei Jahrzehnten seitdem ein exponentielles Wachstum erlebt; gleichzeitig wurden sie zu bevorzugten Orten für die Darstellung der Forschung und des schöpferischen Prozesses.
Die Ausstellungskataloge, die veröffentlicht werden konnten, haben die Richtung baugeschichtlicher Untersuchungen grundsätzlich beeinflusst. Relativ selten war das Engagement von Historikern und Architekten bei Ausstellungen allerdings mehr als eine einfache Verlängerung ihrer hauptberuflichen Tätigkeit, für die es manchmal zu einem normalen Beförderungsmittel geworden ist. Ein wahrer Markt von Kuratoren und Ausstellungsgestaltern ist entstanden, den sich Universitätsangehörige, Museumskonservatoren und Architekten streitig machen. Die eigenen

Ressourcen der Spezial-Museen und der Fachabteilungen, die seit 1980 in Europa und den Vereinigten Staaten innerhalb der allgemeinen Museen geschaffen worden sind, genügen allein tatsächlich nicht, um die Programme dieser Institutionen umzusetzen, und so haben sich sehr verzweigte Verbindungsnetze gebildet.

Ausstellungen tragen ganz offensichtlich zur Arbeit der Historiker bei, indem sie die Fülle verkannter oder verzerrt dargestellter Werke erkennen lassen, wie das 1979 bei der Ausstellung über Viollet-le-Duc im Grand Palais der Fall war. Aber sie verdeutlichen auch die Tendenzen, die Krisen und die Irritationen, und das nicht ohne perverse Effekte. Die Akzente, die Biennalen, Triennalen und verschiedene andere periodische Veranstaltungen in Bezug auf die Berufstätigkeit setzen, scheinen aus dieser Sicht eine Architektur hervorzubringen, deren einziger Zweck in der Ausstellung selbst liegt – entsprechend den Filmen, die nur von Festivalbesuchern angesehen werden. Wo auch immer die Grenzen dieser Projekte liegen mögen, die manchmal die engagierten praktischen Experimente in den Schatten drängen, so stellt doch ihre Existenz und allgemeine Verbreitung ein Ferment im Wettstreit der Ideen dar.

Im Gegensatz zu den monografischen oder thematischen Ausstellungen mit Programmen, die sich auf aktuelle Fragen beziehen, stehen die Architekturmuseen, für die sich kein einheitliches Modell finden lässt; all die Museen in Stockholm, Helsinki, Frankfurt, Rotterdam und auch die in Rom und anderswo geplanten sind unterschiedlich. Der Sinn eines Architekturmuseums liegt genau darin, eine Struktur zu bieten, die Dauerhaftigkeit und Wandel miteinander verbindet, das Verständnis für die Merkmale der historischen Architekturepochen zu ermöglichen und schließlich, vermittelt über die Interpretation der Erscheinungen der Vergangenheit, zur Rezeption der heutigen Bewegungen beizutragen.

Trotz ihrer unterschiedlichen Absichten sind heute sowohl temporäre Ausstellungen wie permanente Sammlungen immer wieder mit Problemen der Vorstellung, der bildlichen Darstellung der Arbeiten konfrontiert. Wie steht es um die Frage der Authentizität im Zeitalter des Virtuellen? Können Objekte, Filme und digitale Sequenzen, die in Galerien gezeigt werden, eine andere Erfahrung vermitteln als der distanzierte Besuch einer autorisierten Website? Worin liegt heute der Sinn einer Sammlung von Zeichnungen, Modellen, Originaldokumenten? Wie soll man im Raum einer Galerie das Entdecken und das Spiel zusammenbringen, um so Vergnügen und Wissen zu verbinden? Wie soll man schließlich in den Museen den „Abnutzungserscheinungen" während der Ausstellungszeit begegnen, die sich zwangsläufig aus einem zu selten oder nie erfol-

genden Austausch der Werke und aus dem Obsoletwerden der Interpretationen ergeben?
Ausstellen ist nichts anderes, als zum Bloßlegen, zum Entschleiern von Architektur zu schreiten. Die Rätsel des schöpferischen Prozesses durch die Darstellung der Denkweise und der Methoden der Architekten und Konstrukteure zu ergründen, ist nicht nur eine Frage von Kenntnissen. Es genügt nicht, die architektonischen Denkweisen verständlich zu machen, um aus jedem Bürger einen Architekten zu machen, aber es macht es für jedermann möglich, die Geheimnisse einer komplexen Kultur zu durchdringen und sich eine Position im Dialog mit der Architektur zu schaffen, also seine Rechte als Bewohner und Bürger wahrzunehmen.

Aus dem Französischen übersetzt von Michael Kraus.

Anmerkungen des Übersetzers:

[1] «Exposer» bedeutet sowohl »ausstellen« als auch »aussetzen«. Ich habe versucht, das Wortspiel in etwas abgewandelter Form nachzubilden.

[2] Zentrum für Architektur und Denkmalpflege

[3] an sich »Talk«, ein Mineral, von dem der hierzulande bekanntere Speck- oder Seifenstein (Steatit) eine Varietät darstellt

[4] Museum der Denkmäler Frankreichs

[6] Vergleichendes Skulpturen-Museum

[6] »Werk« im technischen Sinn

[7] »Werk« im geistigen Sinn

[8] Amerikanische Methoden der Stadtplanung und des Wohnungsbaus 1940-194X

M. Jean-Louis Cohen studierte Architektur an der École Spéciale d'Architecture und an der Unité Pédagogique n° 6 in Paris. Er promovierte in Geschiche an der École des Hautes études en sciences sociales. Von 1997 bis 2003 entwickelte er im Auftrag des französischen Kultusministers die Cité de l'architecture, ein Museum, Forschungs- und Ausstellungscenter im Pariser Palais de Chaillot. Von 1998 bis 2003 war er Direktor des Institut français d'architecture, seit 1999 des Musée des Monuments Français, den zwei Hauptabteilungen der Cité, die im Jahr 2006 eröffnet wird. Neben seiner Tätigkeit als Professor in Paris und New York wirkt er als Kurator zahlreicher Ausstellungen und Autor.

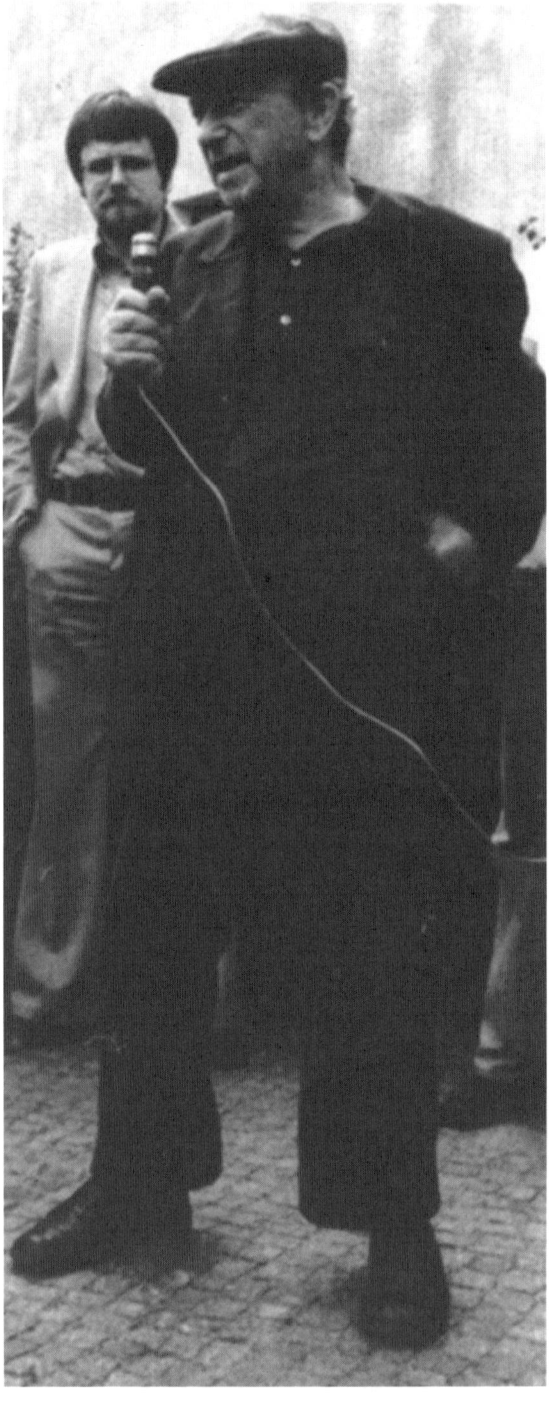

Architekturvermittlung im Deutschen Architektur Museum DAM
Ein Erfahrungsbericht aus vier Jahren

Ingeborg Flagge

Die Idee, in Deutschland ein Architekturmuseum zu gründen, ist nun mittlerweile schon fast hundert Jahre alt. 1906 trafen sich in Mannheim die Vertreter der Vereinigung Schlesischer Architekten, um sich mit der Frage zu beschäftigen: „Mit welchen Mitteln kann Einfluss gewonnen werden auf die künstlerische Ausgestaltung privater Bauten in Stadt und Land?" Die Lösung sahen siebenunddreißig Architektur- und Ingenieurvereine aus ganz Deutschland in der Gründung eines „Museums der Baukunst in deutsch-nationalem Sinne".
Die endgültige Fassung einer Denkschrift erfolgte erst im Jahr 1913. Der Ausbruch des Ersten Weltkrieges vereitelte jedoch die Ausführung dieser Pläne.
Anfang der zwanziger Jahre des letzten Jahrhunderts bemühte sich der Frankfurter Stadtbaurat Ernst May, in der Stadt am Main ein Museum für Städtebau mit internationaler Hilfe zu etablieren. Aber auch dieser Versuch scheiterte.
Erst als Ende der siebziger Jahre unter dem Kulturdezernenten Hilmar Hoffmann und dem Oberbürgermeister Walter Wallmann die Planungen für das Frankfurter Museumsufer Gestalt annahmen, erhielt die Idee, in Deutschland ein Architekturmuseum einzurichten, wieder eine Chance. Man holte sich den Rat des Architekturhistorikers Heinrich Klotz, der schon verschiedenen Kommunen vergeblich sein Konzept für ein Architekturmuseum vorgetragen hatte. „Schon einige Jahre hatte ich einen Plan im Kopf und entwickelte nun die Idee eines Ausstellungs- und Sammlungsortes, den die Architektur ebenso nötig hätte wie ein Diskussionszentrum. Es müsste ein Museum aktueller Auseinandersetzung entstehen, das gleichzeitig in historischen Rückblenden die Architekturgeschichte bis hin zu den Domen des Mittelalters und den griechischen Tempeln dem Publikum erklären sollte."
Soweit Heinrich Klotz in seinen Lebenserinnerungen 1999. Es kostete ihn und Hilmar Hoffmann allerdings harte Überzeugungskraft, ehe 1977 die Absichtserklärung der Stadt Frankfurt erfolgte, ein solches Architekturmuseum zu realisieren.

1984 wurde das Deutsche Architektur Museum DAM als erster Bau des Frankfurter Museumsufers fertig gestellt. Im Oktober 2004 haben wir den 20. Geburtstag des DAM mit der Ausstellung „Die Revision der Postmoderne" eröffnet, die die Eingangsausstellung von Heinrich Klotz „Die Revision der Moderne" umkehrt.
Das Deutsche Architektur Museum diente vergleichbaren Institutionen in aller Welt als Vorbild. Heute gibt es kaum ein Land – mindestens in Europa – ohne ein Architektur Museum.
Seit 1984 mischt sich das DAM in die aktuellen Debatten um die Architektur in Deutschland und im Ausland ein. Dies geschieht nicht nur mit wechselnden Ausstellungen, die sich mit monographischen, stilistischen oder gattungsspezifischen Fragen der Baukunst beschäftigen, sondern auch in zahlreichen Symposien und Vorträgen. Das Museum bietet, wie es Heinrich Klotz von Anfang an intendiert hatte, den unterschiedlichsten Gruppierungen sowie bekannten und weniger bekannten Persönlichkeiten der Architekturszene ein Diskussionsforum. „Auch die Laien sind stets aufgefordert, sich zu Wort zu melden". Denn Architektur und ihre baukünstlerische Qualität geht alle an.
In den letzten Jahren hat sich das Spektrum der Themen, die im DAM behandelt wurden, auch immer mehr den Schnittstellen von Architektur und anderen Disziplinen und Lebensbereichen zugewandt. Fragen der Medizin, Wahrnehmung, Beziehung der Baukunst zu den bildenden Künsten sowie zu Kunstgewerbe, Design, Fotografie und Film waren zwar immer schon ein Thema im DAM; seit ich Mitte 2000 das Haus übernommen habe, spielen diese Themen jedoch eine verstärkte Rolle.
Als ich am 1. Juli das DAM übernahm, stand ich vor drei Problemen:
1. es gab keinen Etat,
2. das Haus war heruntergekommen und schäbig,
3. es hatte nur 34.000 Besucher im Jahr.
Ich habe das Haus zwei Monate geschlossen, es von Grund auf renoviert, von neuen Fußböden bis zu neuen Gläsern, die die Flure deckten. Alle Einbauten meiner beiden Vorgänger wurden herausgerissen.
Die Identität des Baus, so wie Ungers ihn intendiert hatte, wurde wieder hergestellt. Denn nur in seiner ursprünglichen Weißheit und kargen Gestalt als Haus im Haus hat das DAM eine Chance, als Bau gegen die anderen Museen Frankfurts zu bestehen. Und: „Identität" und „Eigenart" sind auch Verkaufs- und Vermietungsargumente.
Das Haus von Ungers ist eigenartig in des Wortes wahrer Bedeutung.
Es ist ein Denkmal, vorformulierter Raum, monumental, keine weite Halle für die Ausstellungsobjekte.

Aber, so meine Erfahrung, man muss sich auf das Haus einlassen, um seine Variationsbreite zu entdecken. Dann ist es flexibler, als es wirkt. Der weiße Bau von Oswalt Mathias Ungers kann nicht altern; er wird nur schäbig. Es ist deshalb nötig, dass man täglich nachbessert, korrigiert, renoviert. Das kann man keinen Stellvertretern oder Hausmeistern überlassen; man muss es als Direktor selbst machen, was bedeutet, dass man ständig mit Staubsaugerblick unterwegs ist.
Die 34.000 Besucher pro Jahr, als ich das Museum übernahm, waren weitgehend Architekten. Sie konnten sich vor schönen Plänen und Fotos ergehen und sahen das Haus als ihr Revier an.
Aber schon Kurt Schwitters wusste, dass „Unsterblichkeit nicht Jedermanns Bestreben ist". Im Museum gab es keine Kinder, keine Erklärungen zu Architektur, nichts zum Anfassen, nichts zu lachen, nichts zu lernen. Architektur ist nicht nur im Museum, das wissen wir alle, eine erklärungsbedürftige Sache. Sie ist für Laien nicht ohne weiteres verständlich und nachvollziehbar. Dazu ist sie zu komplex in ihrer Entstehung, in den Faktoren, die auf sie einwirken. Wir mussten uns unterschiedliches einfallen lassen, um das DAM für Laien zu öffnen.
Wir haben ein Café eingerichtet, das gut besucht ist und die so genannte Verweildauer im Museum um 30 Minuten erhöht. Wir haben die von Lampugnani zugenagelte Dauerausstellung „Von der Urhütte bis zum Wolkenkratzer" wieder geöffnet; sie erklärt an großen Modellen die Entstehung von Architektur von den Anfängen bis heute. Man mag formal oder inhaltlich diesen großformatigen Panoramen ablehnend gegenüber stehen, aber es gibt für Kinder und Jugendliche kaum einen geeigneteren Einstieg in Architektur. Übrigens besuchen auch Bankvorstände diese Dauerausstellung gern und lassen sich hier führen. Ich glaube, Museumsdirektoren überfordern nicht selten ihre Besucher.
Meine Vorgänger haben fast nur große Ausstellungen durch alle vier Geschosse des DAM veranstaltet. Dafür benötigte man mindestens eineinhalb bis zwei Stunden; eine große Untersuchung Anfang 2001 ergab aber, dass der Durchschnittsbesuch im DAM 29 Minuten dauerte. Und niemand kam ein weiteres Mal, um das, was er nicht gesehen hatte, erneut zu betrachten. Das führte zu einer Restrukturierung des Museums: pro Jahr maximal ein bis zwei große Ausstellungen im Erdgeschoss und ersten Obergeschoss ($900m^2$), dazu zwei bis vier kleinere, thematisch unterschiedliche Ausstellungen ($400 - 300m^2$) und die Aktuelle Galerie mit vier- bis sechswöchentlich wechselndem Programm im obersten Geschoss, das schwierig zu erreichen ist und belebt werden musste.
Diese Strategie führte bis 2003 zu einer Verdreifachung der Besucher-

zahlen; im Jahr 2004 werden wir 120.000 Besucher erreichen – nicht ganz das Vierfache. Das gelang nicht nur durch die Restrukturierung. Im DAM sind seit 2001 auch Fremdworte verpönt oder abgehobene Erklärungen, die niemand versteht. Die Kuratoren haben die Aufgabe, sich in Laien hinein zu versetzen und für sie zu schreiben. Die Ausstellungen sind konsequent deutsch-englisch, die meisten Kataloge auch. Die Besucher, die sich keinen Katalog leisten können, erhalten mit jeder Eintrittskarte einen kostenlosen Bogen mit inhaltlichen Erklärungen. Gute Führer sprechen das Publikum an und holen es dort ab, wo es ist und was es weiß. Die Konsequenz: nicht nur eine große Erhöhung der Besucherzahlen, sondern eine Umkehrung der Besucherstruktur. Nicht mehr Architekten und Architekturstudenten sind unser Hauptpublikum, sondern zu 70 Prozent Laien, wie eine weitere Untersuchung ergab.
Die wichtigste Aufgabe für das DAM ist die Bewältigung des Spagats von Baukunst für eine Elite und Architektur als Thema für viele.
Die ästhetische Dominanz klassischer Kultureliten hat nun wirklich ausgedient. Architekturvermittlung muss auch unter dem Aspekt von Erlebnis- und Unterhaltungswert gesehen werden. Das DAM muss sehen, wie es Unterhaltung und Didaktik, Ästhetik und Populäres zusammenbringt. Doch es gelingt, wenn man sich nicht zu schade ist, dies als Herausforderung anzusehen, es gelingt, ohne dass ein Museum zum Eventzirkus verkommt.
Wir haben – um Kinder und Jugendliche zu erreichen, ein Riesenprogramm: von Legobaustellen über Workshops, Quiz, Führungen und Spaziergängen durch die Stadt. Hierfür haben wir seit neuestem eine Kuratorin, die zur Hälfte ihres Jobs solche Themen bearbeitet.
Wir schulen in Wochenendseminaren Lehrer und Kindergärtner in Sachen Architektur, denn die Lehrpläne sind zwar voll von Architekturthemen, aber die Lehrer wissen nichts über Architektur. Die heiligen Hallen des DAM sind heute manchmal eine lärmige Stätte. Sie wissen, die bauliche Besonderheit des DAM ist der vom ersten bis dritten Geschoss offene Luft- und Lichtraum neben dem Haus im Haus. Wenn im ersten Geschoss jemand hustet, hören wir das im dritten. Wenn in der Dauerausstellung zwei Schulklassen toben, versteht man in der Aktuellen Galerie keine Führung mehr.
Neben Ausstellungen macht das DAM Kongresse, Tagungen, Vorträge, Diskussionen. Und da wir ein von der Stadt Frankfurt finanziertes Museum sind, müssen wir auch die Menschen vor Ort mit Themen ihrer Stadt bedienen. Eine dreiwöchige Ausstellung im Sommer mit den Arbeiten für die Europäische Zentral Bank EZB ergab 28.000 Besucher. Die Veranstal-

tung „Auf der Baustelle", mit der wir cirka sechs bis acht Mal im Jahr Neubauten kurz vor ihrer Fertigstellung besuchen und erörtern, bringt reges Interesse – vor allem von Laien. Wir haben pro Baustelle zwischen 100 und 200 Besucher.

Die Durchschnittskosten unserer größeren Ausstellungen liegen bei ca. 120 bis 150.000 Euro inkl. einem Katalog von 200 Seiten. Solches von Sponsoren erbettelte Geld macht nur Sinn, wenn man es wandern lässt. Anders gesagt: das DAM versucht, jede seiner Ausstellungen wandern zu lassen. Thomas Herzog war bisher an über zehn Stationen, von Japan bis USA, Schlaich bisher an fünf Stationen von Shanghai bis Venedig, Helmut Jacobi an vier, Rossi an vier Stellen. Jede Ausstellung wandert mindestens zu ein bis zwei anderen Orten.

Einer der größten Erfolge des Deutschen Architektur Museums ist die Vortragsreihe „Große Architekten". Sie erfüllt alle heutigen Anforderungen an Star und Kult, ob man das nun mag oder nicht. Sie findet in der Universität statt – also außerhalb des DAM, weil wir keine adäquaten Räume haben – und hat ca. 800 bis 900 Besucher pro Vortrag. Einer der Referenten im Jahr 2004 war Peter Eisenman. Diese Veranstaltung bindet die „Stars", über die wir keine Ausstellungen machen, an das Museum, was bei diesem Berufsstand wichtig ist.

Das Deutsche Architektur Museum hat seine Besucher verjüngen können. Das Durchschnittsalter beträgt 32 Jahre. Das war sehr schön sichtbar bei der Vernissage zum 20-jährigen Bestehen des DAM. Neben den Oldies Ungers, Hollein, Jencks und Bächer war die Mehrzahl des Publikums nicht älter als 35 Jahre. Das gilt übrigens auch für unsere ausländischen Besucher. Mit cirka 14 Prozent haben wir die größte Besucherquote von Ausländern in Frankfurts Museen. Sie sind vor allem aus Fernost und etwa 25 Jahre alt.

Bisher ist das DAM ein weitgehend unabhängiges Museum. Kein einziger Architekt hat eine Ausstellung im DAM bezahlt, wie dies beispielsweise im Architektur Museum München Usus ist. Wir finanzieren alle Ausstellungen über Sponsorengelder und Gelder von der Stadt. Das soll – wenn es nach mir geht – auch so bleiben in Zukunft.

Als ich das DAM übernahm, musste man tot sein, um dort eine Einzelausstellung zu bekommen. Oder es gab Gruppenausstellungen. Ich gebe zu, dass es nicht leicht ist, über lebende Architekten Ausstellungen zu machen – wenn man das Geld hat und ein Konzept vorgibt. Aber sie bringen das Publikum und die lebendigen Diskussionen – und bisher haben wir uns nur mit einem völlig überworfen.

Das A und O des DAM in Sachen Architektur-Vermittlung ist PR und Öffentlichkeitsarbeit: ich habe zwar keine Stelle dafür, finanziere aber aus Sponsorengeldern eine ganztägige Person.
Wir handeln nach dem Grundsatz „Tue Gutes und rede darüber": im offenen Haus, in Leporellos, in Broschüren, im Kinderprogramm, in Wettbewerben, in Archivbesuchen, in Pressemitteilungen und Pressekonferenzen, in Interviews usw. Ich tue nichts anderes als Geld besorgen und PR machen. Zu inhaltlicher Arbeit, um die ich meine Kuratoren beneide, komme ich nicht.
Dieser Beitrag mag manchen platt erscheinen. Nur was heißt Architekturvermittlung, wenn ein Museum tot ist und es keinen Ort der Vermittlung gibt?

Ingeborg Flagge war langjährige Chefredakteurin der Zeitschrift „Der Architekt".
Sie lehrt an der HTWK Leipzig. Seit 2000 ist sie Direktorin des Deutschen Architektur Museums DAM in Frankfurt am Main.

Epische Architektur
Julius Poseners Architekturvermittlung

Matthias Schirren

Die Zeitschrift Arch+, so konnte man es in einem der Nachrufe lesen, die dem wortmächtigen Kritiker und Lehrer mit der zerbrechlich wirkenden Statur nach seinem Tod gewidmet wurden, habe die Vorlesungen Julius Poseners „erfolgreich publik" gemacht. Das stimmt, und es stimmt auch wieder nicht. Denn wenn das Wort „publik" mit „öffentlich bekannt" zu übersetzen ist, so dürfen wir fragen: wie bekannt war Arch+ einer größeren Öffentlichkeit bevor die Redaktion Ende der siebziger Jahre auf den glänzenden Einfall kam, Poseners „Vorlesungen zur Geschichte der Neuen Architektur" zu publizieren? Man könnte also sagen, es war umgekehrt: Posener hat Arch+ bekannt gemacht. In jedem Fall hat die Zeitschrift das programmatische + hinter ihrem Namen mit Poseners Vorlesungen ganz besonders glücklich eingelöst. Denn das Wirken über die Grenzen eines Faches oder einer verengten Fragestellung hinaus war gerade das, was Posener gegeben war, was er mitbrachte und beherrschte.

Wie kaum einer im Geflecht der Strömungen und Meinungen hat er seit den sechziger Jahren des 20. Jahrhunderts so die produktive und kritische Auseinandersetzung mit der Architektur der Moderne und insbesondere mit der Architektur der Moderne in Berlin aus einem weiten Horizont heraus angeregt und geführt.

Prädestiniert war er hierfür nicht nur durch sein hohes Alter und durch die Tatsache, dass er gewissermaßen leibhaftig die Verbindung zu den Heroen der Moderne verkörperte, beispielsweise zu Max Taut, Hugo Häring und Erich Mendelsohn, denen er in den zwanziger Jahren als Mitglied einer studentischen Gruppe mit dem schönen Namen „Arbeitskreis der Neuen Form" begegnet war, sondern vor allem durch seine Fähigkeit, Architektur sprachlich darzustellen. Kleine Kunstwerke eines geradezu Fontane'schen Erzählstils sind Poseners Vorlesungen, die er übrigens erst nach seiner Emeritierung an der Hochschule der Künste im Jahr 1971 während einer Gastprofessur an der Technischen Universität hielt und die als Vorstufe zu seinem opus magnum anzusehen sind, dem dickleibigen „Berlin auf dem Wege zu einer neuen Architektur, Das Zeitalter Wilhelms des II." (erschienen 1979).

Sein wichtigstes lebenslanges Thema, die bürgerliche Reformbewegung vor dem Ersten Weltkrieg und ihr Niederschlag in der Architektur, war ihm in die Wiege gelegt worden. Als Sohn des Malers Moritz Posener und dessen Ehefrau, der Musikerin Gertrud Posener, geborene Oppenheim, wurde er am 4. November 1904 in Berlin geboren und verbrachte die entscheidenden Jahre seiner Jugend in Lichterfelde, damals, kurz vor dem ersten Weltkrieg noch einer der nicht eingemeindeten Villenvororte Berlins, in dem sich das städtische Bürgertum seinen Traum vom eigenen Haus im eigenen Garten verwirklichen konnte, das aber auch – anders als das wohlhabendere Zehlendorf und Nikolassee – vom Militär geprägt war. „Familie als Kunstwerk" hat Posener das entsprechende Kapitel seiner 1990 erschienenen Autobiographie überschrieben. Und noch der 1977 gehaltene Eröffnungsvortrag, den er zu einer von ihm initiierten Ausstellung über die Villenbauten von Hermann Muthesius an der Berliner Akademie der Künste hielt, zeigt, wie Posener es vermochte, seine frühen Erlebnisse für das Deuten von Architektur fruchtbar zu machen. Im Jahre 1923 hatte er nach der Absolvierung des Gymnasiums das Studium an der Technischen Hochschule Charlottenburg aufgenommen.
„Erlauben Sie mir", heißt es hierüber in dem Vortrag über Muthesius von 1977 „dass ich diese Ansprache mit einer Erinnerung beginne: Im ersten Semester meines Architekturstudiums zeigte uns Professor Lehnert das Haus Cramer von Muthesius. Als wir den Zugang hinaufschritten, bemächtigte sich meiner eine Art Gewissheit, die man mit dem Augenblick der ersten Liebe vergleichen kann: Die Gewissheit, welche sagt: ‚Dies ist es'. Ich gebrauchte allerdings einen anderen Ausdruck: Ich sagte: ‚Das ist himmlisch'. Das hätte meine Mutter gesagt; und dass ich mich in diesem Augenblick der Sprache meiner Mutter bediente, ist vielleicht nicht ohne Belang für die Art der Gewissheit, die mich überwältigte: Ich erblickte die Verwirklichung von Idealen, denen meine Eltern nachzuleben versuchten, mir wurde klar, was die Eltern wollten: Landhaus, Garten, Hausmusik, das Turngerät im Garten und der Bastelraum im Dach, das alles bezogen auf die Familie als einen hohen Wert, als Lebenszweck, als Kunstwerk; als Neubeginn auch: Beginn einer neuen Zeit. All das wurde mir auf dem kurzen Weg aufwärts zum Haus Cramer klar. Und noch zwei weitere Dinge: dass der Krieg dieses Ideal zerstört hatte, dass die frühen Jahre, die ich in diesem Augenblicke erinnernd genoss, der Vergangenheit angehörten; und dass die Erfüllung dieses Kindheitsideals, der ich entgegenschritt, die Umgebung meiner eigenen Kindheit weit übertraf. Dem Eintreten in die Gefühlswelt der Eltern gesellte sich eine Abschätzung

dessen bei, was sie erreicht hatten, ein etwas Mitleidiges: ‚Ihr Guten habt das, was ihr wollt, nicht gekannt.'"
Als „paradise lost", so Posener, habe ihn das Werk von Muthesius interessiert, ein verlorenes Paradies, dessen Idealen er sich zugehörig fühlte, das aber in unerreichbare Ferne gerückt war. Unerreichbar? Poseners Blick auf die sogenannte klassische Moderne der zwanziger Jahre nahm schon sehr bald wahr, dass die theoretischen Positionen, mit denen sich Funktionalismus und Neue Sachlichkeit schmückten, schon vor dem Ersten Weltkrieg entwickelt worden waren. Das Studium bei seinem Meister Hans Poelzig, dem er später zwei Monographien sowie zahlreiche Aufsätze und Vorträge widmete, erschloss ihm Wesen und Werk eines Künstlers, der den Weg von der Reformarchitektur vor dem Ersten Weltkrieg bis hin zur Weißenhofsiedlung in Persona zurückgelegt hatte, gleichwohl aber das Nichteingelöste der Utopie des Neuen Bauens in seiner Lehre und in seinem Werk gegenwärtig hielt.
Zu den frühen Findungen Poseners, mit der er diese Utopie vergegenwärtigte, gehört der Begriff der „epischen Architektur". Diesen Begriff verwendete er schon in einem Aufsatz des Jahres 1931. Posener mag damals durch Brechts „episches Theater" zu diesem Begriff angeregt worden sein. Später, in dem oben erwähnten Vortrag über Muthesius, entfaltete er den Begriff aus seiner humanistischen Bildung:
„Erinnern Sie sich an Homer. Er beschreibt einen Gegenstand nicht als Impression, er beschreibt an ihm Wirkung, Herstellung, Herkunft; so wenn er von einem Speer sagt, der beste Speermacher habe ihn aus einer Esche geschnitten, welche auf felsigem Boden hundert Jahre gewachsen ist. Ob er von den reinlich geglätteten Pfosten im Hause des Königs spricht oder von der gut geschichteten Mauer im Hofe des Sauhirten - was er vorstellt, ist das Gleiche: Leistung, Handwerk, Material". Eine solche epische, im Sinne von erzählende Architektur hielt Posener zeitlebens dem verkürzten Zweckbegriff des Funktionalismus der zwanziger Jahre entgegen.
Den konservativen Verächtern der Moderne schloss Posener sich allerdings nur vorübergehend an. Nach dem Abschluss seines Studiums im Jahre 1929 ging er zunächst nach Paris um dort für kurze Zeit unter anderem im Büro von Andre Lurcat zu arbeiten. Wichtiger war aber für ihn, daß er dort mit dem Schreiben begann. In der noch jungen Zeitschrift „L'Architecture d'Aujourd'hui", in deren Redaktion er Andre Bloc und Pierre Vago kennenlernte, erschienen ab 1930 Artikel Poseners zum aktuellen Baugeschehen. Das Jahr 1931 sieht ihn wieder in Berlin im Büro von Erich Mendelsohn, der damals gerade das Columbus-Haus am

Potsdamer Platz ausführte. Die Machtergreifung der Nationalsozialisten bewegte Posener, den Sohn liberaler Juden, zur Emigration, zunächst nach Paris, wo er bei „L'Architecture d'Aujourd'hui" unterkam, und später, 1935, weiter nach Palästina, wo er unter anderem wiederum im Büro Erich Mendelsohns arbeitete. 1941 meldete sich Posener freiwillig zum Militärdienst in der Britischen Armee. Nach der Kapitulation wird er als Presseoffizier das zerstörte Deutschland bereisen. Zurückgekehrt ist er erst sechzehn Jahre später. Nach Zwischenspielen an der Londoner Brixton School of Building und als Gründungsdirektor einer Abteilung für Architektur am Technical College von Kuala Lumpur (Malaysia), wurde er im Jahre 1961 auf den Lehrstuhl für Architekturgeschichte an der Berliner Hochschule der Künste berufen.
Mit dieser Rückkehr an den Ort seiner frühen Jahre begann sein später Ruhm. Zum Zeitpunkt seiner Berufung war Posener immerhin 57 Jahre alt. Das erste Buch, für das er allein verantwortlich zeichnete, ein Band mit Quellenschriften zur englischen Vorgeschichte des Deutschen Werkbundes erschien drei Jahre später. Mit Fontane verbindet ihn auch dies: Dass er über den Journalismus zum Schreiben kam und dass er sein eigentliches literarisches Werk erst nach Vollendung des sechsten Lebensjahrzehntes schuf.
So war es auch kein akademisches Interesse, das ihn dabei trieb. Auf dem Höhepunkt des Bauwirtschaftsfunktionalismus der sechziger Jahre und in den dagegen aufbegehrenden Diskussionen, die an den Berliner Hochschulen Zentren hatten, die sich aber als gesellschaftliche Revolte bis in die Hausbesetzungen der späten siebziger und frühen achtziger Jahre fortsetzten, spielte Posener eine prägende, zugleich aber immer auch moderierende Rolle. Posener setzte sich ein für die Erhaltung bedrohter Bausubstanz. Er agierte gegen bürokratisch engstirnige Abrisspolitik der noch in den sechziger Jahren durchgesetzten Flächensanierungen. Und er wurde bald zum gesuchten Redner auf entsprechenden Protestveranstaltungen. Geradezu virtuos nutzte er die verschiedenen Institutionen als Foren für seine Plädoyers. Seit 1967 Mitglied der Akademie der Künste, arbeitete er sowohl im Deutschen Werkbund als auch in dem aus dem 68er Schub gegründeten Verein „Werkbund-Archiv" mit, und hielt als Ehrenvorsitzender dieser Institution seine schützende Hand über die junge Gründung. Seine Liebe zur reformerischen Vorkriegsmoderne koinzidierte dabei mit dem neu erwachten Interesse der so genannten Postmoderne an den übersehenen und zu wenig beachteten Seitenwegen, Blindgängern und Vorformen der Moderne. Dass es Heinrich Klotz war, der spätere Gründungsdirektor des

Deutschen Architektur Museums in Frankfurt, der sich 1976 an seiner damaligen Wirkungsstätte, der Marburger Philippsuniversität, dafür einsetzte, dass Posener hier seinen ersten Ehrendoktor verliehen bekam (dem dann weitere folgten) gehört in diesen Zusammenhang.
Die in den siebziger Jahren in Deutschland und insbesondere in Berlin vollzogene Wendung zu einem Städtebau, der die historisch gewachsene Stadt zunächst einmal wieder anerkennt und – wie in Berlin anlässlich der IBA in den achtziger Jahren – lediglich repariert und ergänzt, was der Gegenwart nicht mehr entspricht, hat Posener mit Sympathie und Wortgewalt begleitet. Gleichwohl ließ er sich – und das bezeichnet auch seinen Rang - später, im sogenannten Berliner Architekturstreit der neunziger Jahre nicht gänzlich von irgendeiner Parteiung vereinnahmen. Sein Metier blieb eine epische Architektur auch in dem Sinne, dass er nie knappe Urteile fällte, sondern schreibend und vortragend den Gegenstand mit dem er sich befasste, umkreiste, und den Leser bzw. Hörer teilhaben ließ am Finden der angemessenen Sprache für einen Entwurf.
Unter den Materialien, die er am Ende seines bewegten Lebens dem Archiv der Akademie der Künste übergeben hat, fand sich auch eine Kiste mit der Aufschrift „Erinnerungen"; darin unter anderem eine Fotografie der Redaktionsräume der Zeitschrift „L'Architecture d'Aujourd'hui". Posener selbst hatte sie 1935 entworfen. Aber nicht nur dies hat er auf der Rückseite mit Bleistift vermerkt, sondern weit mehr. Wir stellen es an den Schluss dieser Ausführungen: „Redaktionsbureau der Architecture d'Aujourd'hui, Architecte Jules Posener. Die leere Ecke im Hintergrund wird in das Mobiliar noch einbezogen, das sich bis zum Fenster fortsetzen wird. Tische: Metall und Glas. Mobiliar Metall, hellblau grün gestrichen, Fußboden Parkett, Fensterrahmen Eiche. Schiebefenster, horizontal verschiebbar. Vorm Fenster ein kleiner Gartenhof mit Berberis, Phlox, Astern, Rittersporn, Stiefmütterchen, Spiräen, Zwergahorn etc. Im Bureau Vago, Bloc, Mattei, Hernand, ich (unsichtbar)".

Der Text ist die überarbeitete Fassung eines Beitrags für die Zeitschrift Arch+ im Todesjahr von Posener (Heft Nr. 131, April 1996, S. 4/5).

Matthias Schirren ist Leiter der Sammlung Baukunst an der Akademie der Künste, Berlin, die das Julius-Posener-Archiv verwahrt, und zusammen mit Sylvia Claus Herausgeber der kritisch kommentierten Briefausgabe: Julius Posener. Ein Leben in Briefen. Ausgewählte Korrespondenz 1929 – 1990, Basel, Berlin, Boston, 1999.

Nina Nedelykov

„Der Mensch hat das Recht auf eine gesunde und lebenswerte Umwelt und auf die Mitbestimmung seiner Umwelt in Nachhaltigkeit und Schönheit." Dieser Satz aus der finnischen Verfassung fasst zusammen, was Architektur und Umweltgestaltung für die Menschheit bedeuten und leisten. Architektur ist aber nicht nur eine der ältesten Kulturformen, sie ist auch eine entscheidende Voraussetzung für die Zukunft und die Lebensqualität jedes Einzelnen.
Wer ins Kino geht oder ein Buch liest trifft eine Wahl. In unserer Umwelt aber bewegen wir uns alle, ob wir wollen oder nicht. Um aber an ihrer Gestaltung aktiver mitwirken zu können braucht es mündige, emanzipierte und für ihre Umgebung sensibilisierte Bürger, die im privaten Bereich als Nutzer und Bauherren und als Bürger der Stadt ein besseres Verständnis für die Bedingungen des Planens und Bauens haben, die sich eine Meinung über Zustand und Entwicklungsmöglichkeiten ihrer Umgebung bilden und an demokratischen Entscheidungsprozessen mitwirken können.
Denn bei Architektur geht es nicht nur um Ästhetik und Geschmack, sondern auch um Nutzungsanforderungen, sich rasant verändernde Bedingungen und Bedürfnisse, um soziale und politische Fragen, um Wirtschaftlichkeit und nicht zuletzt um den Stellenwert der Kultur im allgemeinen. Kurzum ein äußerst komplexes Gebilde, für das wir schon früh Verständnis wecken sollten.
Die Grundlagen dafür werden im Elternhaus, in den Kindergärten und Schulen gelegt. Kinder und Jugendliche wohnen, spielen und leben in der Stadt, auf dem Land, in Häusern, auf Plätzen und Straßen – sie müssen lediglich sensibilisiert werden, ihre Umgebung auch wahrzunehmen und lernen, bewusster mit ihr umzugehen. Dabei zeigen gerade die Kleinen große Aufnahmebereitschaft für neue „Dinge", fragen unbefangen nach dem „Wieso-Weshalb-Warum" und steuern immer wieder voller Begeisterung eigene Erfahrungen bei. Und noch etwas: gerade im Zeitalter starker Beeinflussung durch virtuelle Realitäten erscheint eine Auseinandersetzung mit dem realen Raum als „Fundament" außerordentlich wertvoll und wichtig.

Aber: trotz ihrer besonderen Bedeutung und Möglichkeiten zählen Architektur und verwandte Bereiche in Deutschland bisher nicht zu den zentralen Bildungsinhalten. Zwar sind „Architektur, Baugeschichte und Stadtplanung" beispielsweise in den Berliner Curricula verankert, werden aber in der Regel unter dem Begriff Kunst abgehandelt.
Es fehlt ein verbindliches und flächendeckendes Angebot in den allgemeinbildenden Schulen und den außerschulischen Bildungseinrichtungen und eine entsprechende Qualifikation der Lehrer. Gerade vor dem Hintergrund der PISA-Studien und der Diskussion um einen erweiterten Bildungsbegriff bietet das Thema Architektur wegweisende Elemente einer zukünftigen Schulreform an und ist hervorragend geeignet, in der Schule thematisiert zu werden.
Ihr interdisziplinärer Charakter bietet große Spielräume für eine Vermittlung im Unterricht auch über den Kunstunterricht hinaus. Sie kann in Erdkunde, Sozialkunde, Mathematik, Physik, Biologie, Geschichte und im Deutschunterricht, um nur einige zu nennen, einbezogen werden, denn sie umfasst Hochbau, Stadtplanung, Garten- und Landschaftsarchitektur und Innenarchitektur, Denkmalschutz, Ökologie, Ökonomie, Soziologie, Konstruktion und vieles mehr, ist Umweltgestaltung im weitesten Sinne. Dabei sind die Einsatzmöglichkeiten im Unterricht nahezu unbegrenzt. Die Schüler lernen Pläne zu lesen, die Dinge beim Namen zu nennen und in Maßstäben zu denken. Sie erfahren etwas über das Klima, die Bedeutung von Wärme, Licht und Farbe, über Materialien und natürliche Ressourcen, sie lernen die eigene und fremde Kulturen und Traditionen kennen, besprechen Bedürfnisse, Möglichkeiten, Zwänge und Zusammenhänge.
Und Architektur entsteht immer in enger Zusammenarbeit verschiedener Beteiligter – dabei werden Teamwork und Meinungsaustausch trainiert. Die Kinder recherchieren und analysieren, sie diskutieren und führen Interviews, fotografieren, schreiben und experimentieren, sie zeichnen und planen und – ganz wichtig – stellen die Ergebnisse ihrer Arbeit selbst vor. Und natürlich gibt es die spielerische Komponente: Planen, Zeichnen und Basteln, Bewegung im Raum machen Spaß. Bauklötze zählen nicht umsonst zu den Elementar-Spielzeugen kleiner Kindern. Aber danach gibt es einen Bruch. Es fehlt die kontinuierliche und gezielte Weiterführung der begonnenen Auseinandersetzung.
Um das zu ändern haben Architekten bundesweit zahlreiche Aktionen gestartet, die unter dem Motto „Initiative Architektur macht Schule" mittlerweile zum festen Bestandteil der Bundesinitiative „Baukultur" geworden sind. Dabei haben die Erfahrungen anderer Länder Mut

gemacht. Zu nennen sind neben Frankreich, Holland, Österreich vor allem das eingangs zitierte finnische Beispiel, auch weil dort die angestrebte aktivere Teilnahme der Bürger, die ein Verantwortungsbewusstsein und Grundkenntnisse voraussetzt, mittlerweile mit zahlreichen Programmen und Projekten auf den Weg gebracht wurde.
In der Bundesrepublik haben sich die Architektenkammern der Länder des Themas angenommen, zugleich hat die Vernetzung mit anderen Akteuren begonnen, mit Schulbehörden und Lehrerverbänden, mit Museen und pädagogischen Diensten, freien Trägern und verschiedenen Stiftungen wie der Deutschen Stiftung Denkmalschutz. Einiges wurde schon erreicht, z.B. die Mitwirkung der Landesregierungen in Bayern und Thüringen, die sich auch finanziell an konkreten Projekten beteiligen. Denn das große ehrenamtliche Engagement der Architekten und ihrer Kammern kann nur ein erster Schritt sein und stößt gelegentlich an die Grenzen des finanziell und ehrenamtlich Machbaren.
Die praktische Arbeit, beispielsweise in Berlin, wird von ehrenamtlichen Architekten in der Kammer, die auch einen Großteil der Finanzierung trägt, vorbereitet und durchführt. In einer erweiterten Arbeitsgruppe mit Architekturstudenten und Lehrern, unter Mitwirkung des Landesinstituts für Schule und Medien und des Landesschulamtes werden die bisherigen Erfahrungen ausgetauscht und neue Projekte diskutiert.

Die bundesweiten Initiativen, die auch auf den Internetseiten der Architektenkammern zu finden sind, lassen sich unter drei Gruppen zusammenfassen:

- Politische Initiativen: Langfristiges Ziel ist der fundierte Ausbau des Architekturthemas in den Schulen. Dies setzt die Integration baukultureller Inhalte in die Lehreraus-, fort- und weiterbildung voraus, eine Aufgabe, die perspektivisch nur gemeinsam mit den Kultusministerien geleistet werden kann. Derzeit werden Veranstaltungen und Workshops als Unterstützung der Lehrer bei der Architekturvermittlung durchgeführt.
- Lehrmaterialien: Insbesondere die Architektenkammer Hessen hat sich des Themas Unterrichtsmaterialien angenommen und zahlreiche Publikationen veröffentlicht. Andernorts entstehen Broschüren und Dokumentationen mit Beispielen aus allen Klassenstufen.
- Projektarbeiten in den Schulen: Architekten gehen unter dem Motto „Fachleute an die Schulen" in die Klassen. Im Laufe von fünf Jahren wurden in Berlin gemeinsam mit den Lehrern Konzepte für die meisten

Klassenstufen entwickelt, die der jeweiligen Altersgruppe, dem Wissensstand und den Interessen der Schüler sowie den Rahmenbedingungen des Unterrichts angepasst sind. Ein ausgewogenes Verhältnis zwischen Theorie- und Wissensvermittlung einerseits, Kreativität und manueller Tätigkeit andererseits war dabei besonders wichtig.
Die Konzepte dienen als Gerüst, können individuell weiterentwickelt werden und bieten Hilfestellung für die beteiligten Lehrer und Architekten bei der Planung neuer Projekte.
Auch Workshops sind ein wichtiger und lebendiger Bestandteil der Initiative. Sie haben nur den kleinen Schönheitsfehler, dass sie freiwillig sind und nicht alle erreichen. Dafür aber sind hier der Phantasie je nach Thema und Kooperationspartner keine Grenzen gesetzt. Ergänzend werden Praktikumsangebote für Schüler in Architekturbüros vermittelt. Die Vorstellung der Arbeiten durch die Kinder selbst ist ein wesentlicher Bestandteil von „Architektur und Schule". Die Ergebnisse werden zunächst in der Schule, dann öffentlich bei der Jahresausstellung der Architekten „da" gezeigt. 2004/05 tourt die Schüler-Ausstellung erstmalig auch durch Berliner Bezirke.

Abschließend einige Beispiele:

Eine häufig wiederkehrende Aufgabenstellung bei den älteren Schülern ist die Schule selbst. Die Schüler besuchen andere Schulen, untersuchen die Geschichte des Gebäudes und des Viertels, führen Interviews und Gespräche mit Zeitzeugen und Anwohnern, anschließend entwickeln sie Vorschläge zur Gestaltung des Schulumfeldes, des Schulhofes und der Schulräume. Dabei zeigen sie sich weniger „frei" als die Jüngeren. Wir lernten, so ein Kommentar, „dass man ordentlich arbeiten muss, dass viel Papier verschwendet wird und dass man besser im Stehen arbeitet." Aber auch: „mein Bild von Architektur hat sich sehr verändert. Ich sehe Häuser mit einem anderen Blick und könnte dazu viel mehr sagen als vorher."

In dem Workshop einer 5. und 6. Klasse wurde die Turnhalle für das Thema „Architekturelemente und Bewegung im Raum" (mit strukturierten Bewegungsaufgaben) in ein „Raumlabor" umfunktioniert. Es ist nachvollziehbar, dass einige Schüler es schwer fanden mit Ansätzen wie „Schwellenphänomene" oder „Störungen des Raumes" umzugehen. Aber trotzdem befanden sie am Schluss, es sei toll gewesen, Zitat, „auch mal einen anderen Weg kennen zu lernen, sich mit etwas auseinanderzusetzen, da man doch sonst oft alles nach einem vorgeschriebenen Muster macht". Und, so das Resümee: „überall sind wir von Architektur umgeben, sie ermöglicht, begrenzt oder verhindert unsere Bewegung."

Das Grundprogramm für die 5. bis 6. Klasse, das bereits an mehreren Schulen durchgeführt wurde und daher gute Vergleichsmöglichkeiten bietet, umfasst zwölf Stunden. Es beinhaltet u.a. als Vorbereitung Maßstabsarbeit und Fassaden ansehen, kurze Diavorträge zu den Themen Wohn- und Siedlungsbau im Wandel der Zeit, Bauformen und Klimazonen, Bauablauf und Baubeteiligte. Dem folgen Fassadenzeichnen und die Arbeit mit Wohnungsgrundrissen – mit schriftlicher Begründung. Danach teilt sich die Klasse in zwei Gruppen, die eine beschäftigt sich mit Wohnungsbau, die andere plant eine Siedlung.

Auch das zweitägige Programm einer 2. Klasse umfasste Vorträge über Klimazonen und die Baubeteiligten, gefolgt von der Fragestellung: Wozu dienen Häuser, wie entstehen sie, was ist Architektur, was braucht man dazu, wer macht Architektur, kann ich das auch? Die Hausaufgabe war: wo gibt es Baustellen in eurer Umgebung, was seht ihr dort?
Die Kinder erfuhren, wie in anderen Ländern gebaut wird, zeichneten und bauten Modelle z.B. von Jurten, Pfahl- und Blockhäusern. Vor einem Iglu-Modell aus Würfelzucker auf Eisschollen auf Styropor erklärte ein Mädchen: „Dreimal ist uns der Iglu eingestürzt. Es war gar nicht so einfach, wir mussten überlegen, wie wir das besser machen, und wir mussten einen Plan aufstellen, damit der Bau hält." Die Gruppe hatte verstanden, dass Bauen nicht ohne Planung funktioniert und – dass dies die Aufgabe von Architekten und Ingenieuren ist.

Ein Vorklassen-Projekt umfasste die Themen Wohnung-Haus-Straße-Siedlung-Stadt sowie die Arbeit der Architekten, Stadtplaner und Ingenieure bei der Planung und Durchführung von Bauvorhaben.
Die Erarbeitung des Stoffes erfolgte anhand von Bildern, da die Schüler noch nicht lesen und schreiben konnten. Bei einem Rundgang durch die benachbarte Siedlung wurden die neuen Wörter und das genaue Hinschauen geübt.

Eine andere Vorschulklasse hat das Thema: „Was ist eine Grenze" analysiert und Grenzüberschreitungen ausprobiert. Von der Türschwelle über den Gartenzaun, den Bürgersteig und die Straße bis zur Stadtgrenze und – die Belastungsgrenze. Dabei wurde mit Statik experimentiert und eine Balustrade gebaut. Mit Buddeleimern geformte Stützen aus Sand und selbst gemixtem Kasein (Rezept: 500 gr. Magerquark, 50 gr. Borax, 1 Std. Warten) trugen einen Träger. Besonders eindrucksvoll war der aus 72 Schuhkartons aufgestapelte 17-stöckige Turm, der durch ein simuliertes Erdbeben zum Einsturz gebracht wurde. „Grenzen", sagte eines der Vorschulkinder „ist, wo etwas aufhört und etwas Neues anfängt".

Nina Nedelykov geboren 1960, Architekturstudium an der TU-Berlin, Partnerin in Nedelykov Moreira Architekten, Berlin-São Paulo. Ausgewählte Projekte: Sportcenter Olvenstedter Platz in Magdeburg, Gelbes Viertel in Berlin-Hellersdorf (mit Brasil Arquitetura), Initiative und Konzeption „Multifunktionales Olympiastadion Berlin", Umbau des Max-Liebermann-Hauses in Berlin Wannsee zu einem Museum. Berufspolitik: Vize-Präsidentin der Architektenkammer Berlin (1999 bis 2005) und seit 2001 der Bundesarchitektenkammer, 2000 bis 2003 im Vorstand des Architects Council of Europe, seit 2005 im Council der Union International des Architects. Veröffentlichungen über Baugeschichte, Architektur und Berufspolitik, u.a. „Zurück am Wannsee – Max Liebermanns Sommerhaus", Transit Verlag 2003/2005.

Poseners Einfluss
auf die israelische Baugeschichte

Edina Meyer-Maril

Es war ein eigenartiges Gefühl: während eines Besuches in einer Ausstellung im Helena Rubinstein-Pavillon in Tel Aviv hörte ich Julius Poseners Stimme im Hintergrund und konnte ihn dann auch - als Teil eines Videofilmes - sehen! Er war nach Tel Aviv zurückgekehrt!
Diese Ausstellung war im Juni 2004 aus Anlass der Aufnahme Tel Avivs in die Liste des World Heritage der UNESCO (2003) veranstaltet worden und zeigte in zahlreichen Fotos, Modellen und Computersimulationen den Beitrag dieser so genannten „Bauhaus-Stadt" zum Internationalen Stil[1]. Ausgelegt waren auch Faksimile-Drucke verschiedener Architekturmagazine, darunter natürlich auch Julius' Beiträge.
In einem Abstand von fast siebzig Jahren möchte ich sogar behaupten, dass es ohne Julius Posener wahrscheinlich gar nicht zu dieser Anerkennung gekommen wäre! Gewagt dies zu behaupten? Vielleicht, aber dennoch hier die Begründung: Julius' reich bebilderter, 25 Seiten langer Aufsatz, den er zusammen mit Sam Barkai verfasst und 1937 unter dem Titel „L'Architecture en Palestine" in der französischen Zeitschrift „L`Architecture d`aujourd`hui"[2] veröffentlicht hat, war die erste umfassende Untersuchung, die außerhalb des Landes erschienen ist und die das Vorhandensein moderner, dem ‚Neuen Bauen' zugehöriger Architektur in dieser Region dokumentierte. Julius' zweiter und von ihm allein verfasster Beitrag, eine Variante der französischen Fassung, erschien ein Jahr später in deutscher Sprache unter dem Titel „Traditionelles und modernes Bauen in Palästina", in der Schweizer Zeitschrift „Das Werk".[3]
Die meisten späteren Forschungen zur Architektur der dreißiger Jahre in Israel basierten auf diesen Veröffentlichungen und den in ihnen vorgeführten Beispielen. In Ausstellungen, Symposien, Magisterarbeiten und Dissertationen wurden einzelne Themen daraus vertieft und Werke von Architekten untersucht. Magisterarbeiten wurden unter anderem von Emanuel Tal über die Speisehäuser im Kibbutz und von Anna Minta über das Ze'ev Rechters Engel-Haus in Tel Aviv geschrieben.
Ita Heinze-Greenberg promovierte über Erich Mendelsohn, Uriel M. Adiv über Richard Kauffmann, Christa Illera über Leopold Krakauer, Nir Buras über Josef Neufeld, Antje Hansen über Oskar Kaufmann und Ron Fuchs

über Austen St. Barbe Harrison. In letzter Zeit hat Ines Sonder eine außergewöhnliche Dissertation über die zionistische Gartenstadtrezeption geschrieben. Julius Posener war selbst an der ersten wichtigen Retrospektive (1968) auf das Werk von Erich Mendelsohn in der Akademie beteiligt. 1994 fand in Tel Aviv ein internationales Bauhaus Symposium statt. Alexander Baerwald wurde mit einer Ausstellung im Technion in Haifa gewürdigt und Irmel Kamp-Bandau hat unter der akademischen Leitung von Winfried Nerdinger die in aller Welt gezeigte, wohl erfolgreichste Fotoausstellung zum Thema, zusammengestellt.[4]
Julius' Beiträge sind sozusagen ‚Zeitzeugen' und dank ihrer vielseitigen Thematik tatsächlich die Grundlage für viele weitere Untersuchungen; dass er dadurch zu einem wichtigen Promotor des Modernismus, beziehungsweise des „Internationalen Stiles" wurde, war mehr oder weniger unfreiwillig, wie es seiner Autobiographie „Fast so alt wie das Jahrhundert"[5] zu entnehmen ist. Dort schreibt er: „In Tel Aviv habe ich gemeinsam mit dem Korrespondenten von »L'Architecture d'Aujourd'hui«, Sam Barkai, ein Sonderheft über die Architektur in Palästina vorbereitet, welches zur Pariser Weltausstellung im Herbst 1937 erscheinen sollte. (...) Dabei fand eine Art Arbeitsteilung in der Weise statt, dass Sam Barkai mir zeigte, was entstanden und was im Entstehen begriffen war, während ich der ganzen Sache einen Zusammenhang zu geben suchte. Das heißt, bei weitem die Hauptarbeit hat Sam geleistet."
Auch hier zeigte sich schon, was auch später in Julius' Arbeiten auffällig war: er war nicht eigentlich an Baustilen und der Formensprache interessiert, sondern an der Wohn- und Lebensqualität der Bauten in ihrem Zusammenhang mit der Landschaft und ihrem kulturellen Hintergrund, egal, wo er sich befand. „Dass dieses Sonderheft mit einem großen und sehr schönen Landschaftsbild aus den judäischen Bergen begann, war mein Beitrag. Auch mir schwebte eine Architektur vor, welche dem kleinen Maßstab alles Gebauten in jenen Hügeln entsprach."[6]
In Palästina war Julius auch an der lokalen Bautradition interessiert, übrigens ganz ähnlich, wie 25 Jahre zuvor der ebenfalls aus Berlin stammende Architekt Alexander Baerwald, den Julius gekannt hat und bei dem er sich in Berlin die ersten Erkundigungen über den Beruf eines Architekten eingeholt hatte.[7] Julius zitierte auch gerne Baerwalds Spruch zu Le Corbusier:

Das Haus wird gänzlich aufgeschlitzt, / Das Fenster um die Ecke flitzt,
Der Garten schiebt sich unters Haus / Und kommt am Dache wieder raus.

Die Landschaft und deren orientalisches Gepräge beeindruckten ihn, aber auch in Palästina suchte er Hermann Muthesius, den er in den Grundrissen von Baerwalds Häusern fand. Im „Werk" beschreibt er, dass Baerwald „verliebt" gewesen sei in das „Zufällige der freistehenden arabischen Häuser" mit ihren „stark gestaffelten Baukörpern, raus gezogenen kleinen Erkern und dünnen Außentreppen" und meint, Baerwald habe diese Bauart mit „größtem Geschick" ergriffen und übertrieben. In seinen Grundrissen sei er jedoch „muthesianisch" geblieben.[8]
Mit der aktiven Moderne wurde Julius durch Sam Barkai bekanntgemacht, der selbst ein in Tel Aviv tätiger Architekt war. Er gehörte zu einer Gruppe junger Architekten, die sich zu einem „Chug", mit „Ring" zu übersetzen, zusammengeschlossen hat, und die auch ein Magazin unter dem Namen „HaBinyan' [Der Bau], an dem Julius ebenfalls als Redakteur beteiligt war, herausgaben.[10] ‚HaBinyan' war übrigens eine Fortsetzung des Magazins „HaBinyan bamisrach hakarov" [A Palestine Periodical for Architecture in the Near East], das von dem ebenfalls aus Berlin eingewanderten Dr. Leo Adler[11] herausgegeben wurde.
Im Heft No. 2 des ‚HaBinyan' stellte Posener in einem Leitartikel Einfamilienhäuser vor, wobei seine Auswahl ‚Heimatstilarchitekten', also die nach einem neuen hebräischen Stil Suchenden, wie auch Modernisten umfasste. Er benutzte aber auch gleichzeitig die Gelegenheit, über die historische und lokale traditionelle Architektur zu schreiben und brachte neben Beispielen aus Damaskus auch antike Atriumhäuser.
Seine Auswahl war recht eigenwillig. Neben Mendelsohns repräsentativen Weizmann-Haus in Rechovoth, zeigte er unter anderem das traditionelle Itzkovitch-Haus von Baerwald und ein bescheidenes modernes Haus von Lotte Cohn in Haifa. Mit Lotte, die als Zionistin schon 1921 in Palästina eingewandert war, hat Julius „das einzige Haus meines Lebens als Architekt gebaut". Mit bemerkenswerter Selbstironie schrieb Julius in seinen Erinnerungen:
„Als ich Erich Mendelsohn einmal eine Abbildung des Hauses zeigte, sagte er nur: „Mein armer Junge!".[13] Damit wäre der Beitrag Julius Poseners zur israelischen Architektur abgeschlossen.
Ohne Zweifel ist der Aufsatz in der „L'Architecture d'Aujourd'hui" sein wesentlichster und folgenreichster Beitrag zur israelischen Baugeschichte. In der Folgezeit haben ihn allerdings andere Dinge beschäftigt und er hat sich, trotz Kontakten mit einigen der führenden Architekten wie Arieh Sharon und Al Mansfeld, die ebenfalls Akademiemitglieder waren, kaum mehr mit der Architektur in Israel beschäftigt, jedenfalls nicht als Forscher und Schriftsteller. Aber, um den Kreis zu schließen,

Julius hat den Werkbund nach Israel gebracht, und wenn die Erinnerung nicht trügt, war es im Mai 1973, als er im Israel Museum in Jerusalem einen Vortrag in englischer Sprache hielt, dem eine Werkbund-Ausstellung im Technion in Haifa folgte, die ebenfalls eine rege Diskussion auslöste. Meine Versuche, ein Institut für Baugeschichte auf den Namen Julius Posener an der Tel Aviv Universität zu errichten, sind leider bisher gescheitert.

1 „White City of Tel-Aviv - the Modern Movement" wurde 2003 in die World Heritage Liste mit folgender Begründung aufgenommen: „The new town of Tel Aviv is an outstanding example of new town planning and architecture in the early 20th century, adapted to the requirements of a particular cultural and geographic context." http://whc.unesco.org/archive/advisory_body_evaluation/1096.pdfd [visited 28/10/2004]

2 Sam Barkai & Julius Posener, „L' Architecture en Palestine", in: L'Architectur d`aujourd`hui, 8, 1937, S. 9-34.

3 Julius Posener, ‚Traditionelles und modernes Bauen in Palästina', in: Das Werk 1938, S. 257-271. Meines Wissens nach sind dies die einzigen zeitgenössischen Schriften, die zu diesem Thema außerhalb Israels erschienen sind.

4 Tel Aviv Neues Bauen 1930-1939. Photographien Irmel Kamp-Bandau. Hrsg. Winfried Nerdinger. Tübingen, Berlin, Wasmuth 1993.

5 Julius Posener, Fast so alt wie das Jahrhundert', Berlin, Siedler, 1990, S. 247-248.

6 Siehe Anm. 5, S. 248.

7 Im Gespräch mit der Verfasserin. Vgl. Julius Posener, Heimliche Erinnerungen in Deutschland 1904-1933, München 2004, S. 188

8 Siehe Anm. 3, S. 265.

9 Siehe Anm. 5, S. 248., und Anm. 4. S. 39, Anm. 17.

10 ‚Ha'Binyan' – a Magazine of Architecture and Town Planning, No. 1, August 1937; No. 2 November 1937; No. 3 August 1938.

11 Siehe Myra Warhaftig, Sie legten den Grundstein, Tübingen, Berlin 1996, S. 262-269

12 Siehe Anm. 5, S. 253

13 Siehe Anm. 5, S. 253; Julius wurde übrigens in Mendelsohns Familienkreis, laut Aussagen von der Nichte Mendelsohns, Ilse Goldenzweig, „Posemukl" genannt.

Edina Meyer-Maril ist Senior Lecturer für moderne Kunst- und Architekturgeschichte am Lehrstuhl für Kunstgeschichte an der Tel Aviver Universität. Julius Posener war einer ihrer wichtigsten Lehrer und der zweite Gutachter ihrer Dissertation „Paul Mebes und der Miethausbau in Berlin 1906-1938", Technische Universität Berlin, 1970. Ihre Forschungsgebiete: europäische Einflüsse in der israelischen Kunst und Architektur, Synagogen und Orientalismus.

Über Satz und andere Bauten
Oder: Braucht Architektur Kritik?

Hanno Rauterberg

Braucht Architektur Kritik? Die Frage hört sich, ich gebe es zu, ein wenig abstrus an, vielleicht sogar naiv. Als wäre es überhaupt denkbar, dass Kritiker überflüssig sein könnten, als wären am Ende gar die Leistungen eines Julius Posener in Zweifel zu ziehen. Dennoch stellt sich für mich diese Frage oder zumindest, etwas abgeschwächt, die Frage, ob denn Architekten eigentlich Kritik brauchen. Natürlich, sie haben es gern, wenn man über sie schreibt, wenn sie gelobt und für bedeutsam erklärt werden. Viel wichtiger aber, so ist mein Eindruck, ist den meisten doch die üppige Bildstrecke, und da müssen mehr als ein paar Zeilen als Begleitung nicht sein und schon gar keine kritischen.
Viele Architekten ziehen deshalb auch den Kontakt mit den Fachzeitschriften vor. Dort lässt man sie oft undiskutiert und ungeschoren davonkommen, die Schreibenden üben sich vor allem im Beschreiben. Man will und kann es sich mit den Architekten nicht verscherzen, ist angewiesen auf deren Wohlwollen, auf ihre Fotos und Grundrisszeichnungen. Und nicht zuletzt auch auf die Anzeigenkunden. Nur selten einmal riskiert man deshalb ein offenes, subjektives Wort, so wie es einst und legendärerweise die Bauwelt im Falle des Architekten Kleihues tat, der daraufhin prompt sein Abo kündigte und fürderhin jede Zusammenarbeit verweigerte.
Gut, sagt sich da der Kritiker, wenn die Architekten die Kritik nicht unbedingt brauchen, dann wird sie gewiss von den anderen gebraucht, vom Publikum, von den so genannten Laien. Doch auch die verlegen sich, so stellt man rasch fest, lieber aufs Sanfte und Unkritische, auf Bildermagazine, die rühmen und feiern. Sie wollen Homestorys, keine Hausgeschichten. Gesucht wird der neue Trend, die neue Traumware und möglichst viele Alltagstipps mit „Nutzwert“. In den Zeitungen wird der Immobilienteil viel beachtet, weit seltener das Feuilleton. Den meisten geht es um Schauen und Kaufen, nicht um Lesen und Denken. Also wozu das alles, wozu Kritik?
Die Kritiker hätten – Sie sehen es – allen Grund, sich mit dem Architekten in gemeinsamer Larmoyanz zu verbrüdern, sich vernachlässigt und

abgedrängt zu fühlen, unverstanden, einfach zu gut für diese Welt. Wer allerdings ein bisschen weniger berufsdefätistisch durch unsere Zeit geht, der könnte sich ebenso gut freuen: Darüber, dass über das Planen und Bauen mehr denn je geschrieben wird. Dass fast monatlich neue Haus- und Wohnmagazine herauskommen. Dass die Zahl der neu erscheinenden Architekturbücher mittlerweile größer ist als die der Künstlerbücher. Zwar geht es den wenigsten Autoren dieser Bücher um die reine Kritik, zwar wird auch hier die Architektur eher als Gebrauchskunst abgehandelt („Einfamilienhäuser unter 100.000 Euro") oder als Projektionsfläche unerfüllter Sehnsüchte vermarktet („Villenparadiese dieser Welt").

Doch auch das haben Kritiker und Architekten ja gemein: Dass sie beide immer an der Schnittstelle von ästhetischer Autonomie und alltäglicher Erfahrbarkeit, von Realität und Utopie agieren. Und in den meisten Fällen ist das Alltägliche eben wichtiger, die Neueinrichtung der Küche oder die Regenrinnenreparatur. Oder es obsiegt das Schwelgen in einer unerreichbar-exotischen Schönheit. Dagegen ist nichts zu sagen.

Anders als manche Kritiker sich das wünschen, ist ihre Kritik eben nicht die alleingültige, nicht die ultimative Form über Architektur zu sprechen und zu schreiben. Und doch, so meine ich, hat die Kritik ihre Berechtigung, zumindest dann, wenn sie von den Hintergründen eines Bauprojekts berichtet, von der historischen Herkunft und politischen Einbettung, von ästhetischen Errungenschaften, sozialen und ökologischen Konsequenzen, von den Ansprüchen der Architekten und den Bedürfnissen der Nutzer. Wenn sie also erkundet, auf welchem Fundament ein Gebäude eigentlich steht, welche Versprechen es gibt und welche es hält. Kurzum: Die Kritik hat dann ihre Berechtigung, wenn sie andere, ungewohnte Fragen stellt.

Mich leitet oft die Frage, was uns ein Gebäude über unsere Gesellschaft erzählt, was wir in ihm über uns selbst erkennen. „Erst bauen Menschen Häuser, dann bauen Häuser Menschen", schrieb Ernst Bloch – und just diese Stadien der Wechselwirkung interessieren mich. Anders als Theater, Oper, Kino kann die Kunst der Architektur nie privatistisch sein, sie ist zur öffentlichen Auskunft gezwungen, muss sich zu dem Ort verhalten, an dem sie wirkt. Deshalb begreife ich Architekturkritik nicht als reines Rezensionswesen; im Einzelnen ist immer das Allgemeine aufgehoben, und diese Einbettung sichtbar zu machen, halte ich für eine Kernaufgabe. Sie ist es, die Kritik unverzichtbar macht.

Denn erst indem der Kritiker nach dem Mehrwert fragt, nach Bedeutung und Hintersinn, lässt sich ja über das Planen und Bauen diskutieren. Nur

so bildet sich eine Grundlage für jede Form der Vermittlung. Nur so lässt sich klären, was Architektur eigentlich ist und was nicht. Dieser Unterschied zwischen Architektur und Nicht-Architektur ist ja nicht in irgendwelchen Handbüchern auf alle Zeiten fixiert und nachzuschlagen. Und die Fähigkeit, diesen Unterschied zu erkennen, ist auch nicht irgendwo im Menschen fest verankert. So wie unser Begriff von Schönheit oder von Geschichte stets neu gefasst werden muss, so muss auch das, was Architektur ausmacht, immer wieder neu definiert, also erschrieben und erdacht werden. Ohne das denkende Schreiben ist ein Haus nur ein Haus, eine Konstruktion aus Beton, Stahl und Glas. Zur Architektur wird sie erst durch Konstruktionen, wie sie der Kritiker errichtet: Bedeutungskonstruktionen aus Wortstreben, Begriffsbolzen und Satzsäulen, abgestellt auf einem Emotionsfundament, mal solide, mal wackelig. Überspitzt formuliert: Ohne die Kritik und ihre Bedeutungskonstruktionen gäbe es nur Bauten und keine Architektur. Ohne den Kritiker keine Architekten, sondern nur Häuserbauer.
Das mag arg sophistisch klingen oder gar selbstgefällig, ich meine es aber keineswegs so. Schon deshalb nicht, weil das, was für den Begriff Architektur gilt, peinvollerweise auch für den Begriff Kritik gilt. Beide müssen immer wieder mit Inhalten, ja mit Sinn, gefüllt werden, beide bedürfen der kritischen Reflexion. Dafür hat die Architektur den Kritiker, wen aber hat die Kritik? Es gibt keinen etablierten Lehrstuhl für Architekturkritik, keine Förderpreise und Stipendien, mithin nichts von dem, was den Architekten als Mittel der Selbstbewertung ganz selbstverständlich erscheint. Gut, der Kritiker kann auf die Resonanz der Leser hören und auf den Rat der Kollegen. Vor allem aber muss der gute Kritiker immer auch ein Kritiker seiner selbst sein. Er muss sich selbst die Frage beantworten, ob und wofür Kritik gebraucht wird.
Gelingen kann dies wohl nur, wenn er skeptisch die eigenen Werte und Begriffe hinterfragt und nicht auf seine eigenen Klischees hereinfällt. Denn als Klischeeverstärker, als Vermittler des ohnehin Selbstverständlichen, wird die Kritik tatsächlich nicht gebraucht. Weder darf sie sich in die Eiswüste der Neutralität zurückziehen, noch als Meinungspapst auftreten, der nach nichts sucht als nach Selbstbestätigung. Wirklich lebendig und einladend ist Kritik erst dann, wenn sie nicht Bedeutung verordnet, sondern Bedeutungsräume öffnet. Der Kritiker muss also zu einem Urteil kommen und zugleich seine Leser deutlich spüren lassen, dass dies Urteil, wie jedes Urteil, nur ein Vorurteil sein kann. Verlangt wird vom Kritiker also, dass er sich kritisierbar macht. Dass er seine Kriterien offen legt, dass er seine Maßstäbe herausarbeitet. Er muss

Gründe nennen, muss das Panorama seiner eigenen Kunstlandschaft mit ihren Höhenzügen und Erdspalten ausrollen. Dies ist mühsam, ein Wagnis, das nicht immer aufgeht. Doch nur eine solche Kritik, eine Kritik, die sich kritisieren lässt, sollte sich Kritik nennen dürfen. Nur sie steht in der Tradition jener Aufklärung, der sie sich verdankt. Und nur sie kann die Diskussion wieder beleben, nur durch sie kann die Architektur wieder an Bedeutung gewinnen.

Gebraucht werden Kritiker, die zu ihrer eigenen, unverwechselbaren Wahrnehmung stehen. Die Streitpunkte benennen, Thesen formulieren, Themen eingrenzen, sodass überhaupt eine Basis breiter Verständigung entstehen kann. Architektur braucht Bewegung in den Köpfen, braucht Widerworte, braucht entflammbare Betrachter. Kurzum: Architektur braucht Kritik. Sie braucht Kritiker, wie Posener einer war.

Hanno Rauterberg wurde 1967 in Celle geboren, ist Redakteur im Feuilleton der ZEIT und schreibt dort vor allem über Themen der zeitgenössischen Kunst, der Architektur und des Städtebaus. Er ist promovierter Kunsthistoriker und Absolvent der Henri-Nannen-Journalisten-Schule.

Hoffnung auf das Glück
Epilog für Julius Posener

Wolfgang Pehnt

Als die vorerst jüngste Berliner Hommage für Julius Posener bevorstand, haben vermutlich alle Teilnehmer, die je mit ihm schriftlich zu tun hatten, in ihren alten Korrespondenzordnern geblättert. Viele dürften fündig geworden sein. Denn Posener war ein großer Briefeschreiber vor dem Herrn und ein Genie der Kommunikation. Als Matthias Schirren für seine Briefauswahl von 1999 den Nachlass Poseners sichtete, standen ihm nicht weniger als fünfzehntausend Briefe zur Verfügung! Und sie alle sind im spezifischen Posener-Sound gehalten.

Wenn man seine Essays und mehr noch seine Briefe liest, hört man ihn sprechen: die Vorsicht, mit der er sich seinen Gegenständen nähert, die freundliche Umständlichkeit, die Rückgriffe und Vorwegnahmen, die nichts anderes als angewandte Pädagogik sind. Das „wir", das er gern verwendete, ist nicht der pluralis majestatis angemaßter Autorität, sondern die Gemeinsamkeit, die der Sprecher einer kleinen Gemeinde der Vernünftigen empfindet. Er nimmt uns Leser an die Hand, um mit uns zusammen einen Erkenntnisweg zu beschreiten.

Der erste Brief, den ich von Posener erhalten habe, datiert von 1971. In seiner schnellen großzügigen Schrift, geschrieben mit weichem Bleistift – es war schließlich nur einer von mindestens fünfzehntausend Briefen! – , handelte der Poelzig-Schüler von seinem über alles verehrten Lehrer. Hans Poelzig war eines seiner Lieblingsthemen. Posener hatte seine Auswahl von Poelzig-Schriften in der Akademie der Künste herausgegeben, ich hatte sie rezensiert. Offenbar hatte ich für seinen Geschmack zu sehr den Anteil an Phantastik und Intuition bei Poelzig hervorgehoben und zu wenig das Maß an Bodenhaftung und Sachlichkeit betont.

Doch in seiner Menschenfreundlichkeit wirft Posener das Fehlurteil nicht seinem Korrespondenten vor, sondern schreibt es sich selbst zu. Er selbst habe sich in seiner Einleitung geirrt, er selbst habe den Zugang zum Werk Poelzigs verloren gehabt. Erst dann wagt er zu sagen: „Sie sind dem schlechten Beispiel [des Herausgebers] gefolgt, lieber Herr Pehnt, und haben sich ebenfalls geirrt." Das nenne ich Herzenshöflichkeit. Gemeinsam mit Posener zu irren, nahm jedem Vorwurf den Stachel.

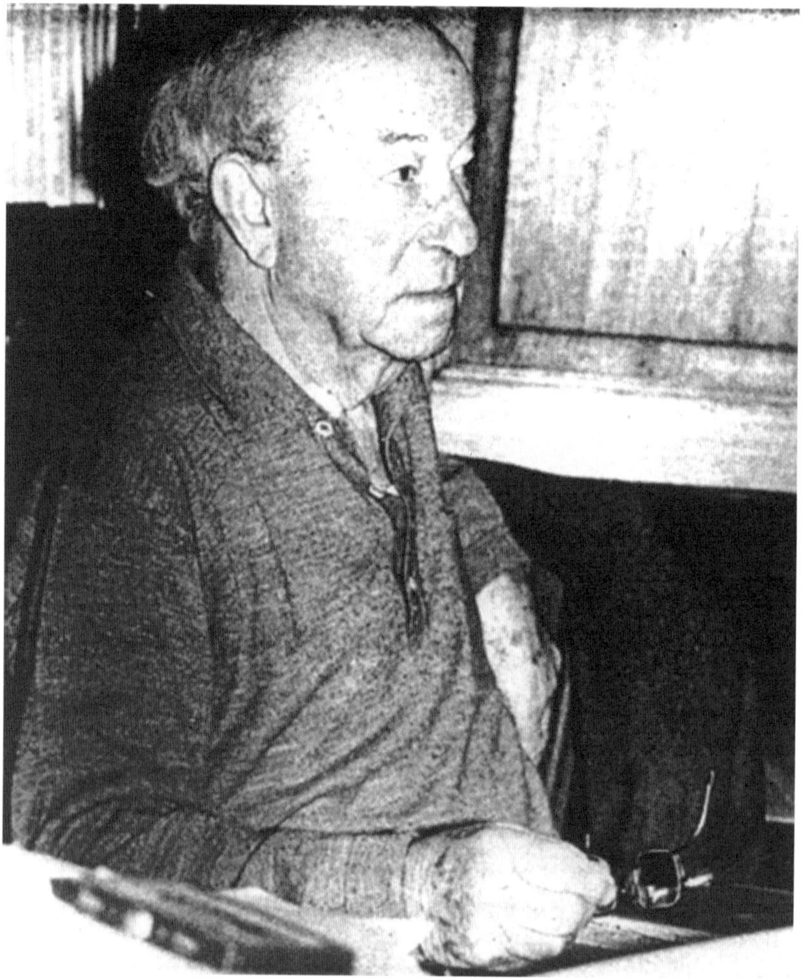

Im Gegenteil: Es war so etwas wie ein Ritterschlag. Die Zeiten scheinen vorüber, da den verschiedenen Disziplinen der Künste und Wissenschaften unangefochtene Autoritäten vorstehen, Patriarchen, denen der ungeteilte Respekt ihrer Fachgenossen zukommt. Die Zunft der Architekturkritiker und Historiker des neueren Bauens kannte in Deutschland eine Ausnahme: Sie hatte Julius Posener.

Zum Nestor machten ihn nicht nur das hohe Alter, „fast so alt wie das Jahrhundert", die erlittenen Lebensschicksale und das Verdienst seiner baugeschichtlichen Arbeiten. Im Spiel war auch eine Eigenschaft, die mit streitbarem Engagement selten zusammengeht. Bei Posener war sie die andere Seite des kritischen Einsatzes. Es war seine Fähigkeit, Sympathie zu erzeugen. Sympathie, ja Liebe konnte er für die Objekte seines Interesses wecken – und das waren nicht nur Bauten, sondern auch Bücher, Bilder, Städte, Landschaften und Geschichte – , sondern über die Objekte auch für sich selbst. Auf Sympathie und Liebe beruhte seine Autorität.

Der Bauhistoriker Posener war kein methodenstrenger Analytiker. Er war ein Erzähler. Von Bauten und von Architekten wusste er wie von guten alten Bekannten zu berichten. Mit vielen von ihnen verbanden ihn persönliche Erinnerungen. Der trockene Witz und das lakonische Lob, die Wolke aus Zigarrenrauch, die Meister Poelzig umhüllte, das Pathos seiner Entwürfe und die Liberalität, die er gegenüber seinen Schülern walten ließ, hat Posener ebenso oft beschrieben wie seine Arbeit bei Erich Mendelsohn, dem jungenhaften, genialen, eitlen, kränkbaren Schöpfer des Einsteinturms und der vielen, schmissig-modernen Geschäftshausbauten.

Vor allem hatten es ihm die Reformer der Jahrhundertwende angetan, die Pioniere der Arts-and-Crafts-Bewegung, der englischen Gartenstadt und ihre deutschen Nachfolger, unter ihnen an erster Stelle Hermann Muthesius. Wenn er von Muthesius sprach, schwang der Cello-Ton der Zuneigung mit. Bei ihm hat der Architekturstudent Tee getrunken, bei ihm hörte er die schöne Gattin des alten Herrn Brahmslieder singen. Den Geheimrat in seinem eigenen Heim zu erleben, so erzählte er später, war wie „falling in love". Muthesius' Häuser öffneten ihm die Augen dafür, was seine, Poseners Eltern mit dem Bau ihres eigenen Hauses in Berlin-Lichterfelde gewollt, aber nicht ganz erreicht hatten.

Posener war auf den meisten Gebieten der Architekturvermittlung tätig. Angefangen hat er als Fachjournalist und diese Berufsrolle auch im Alter weitergespielt, in seinen zahlreichen Beiträgen für die Fachpresse oder für den Berliner „Tagesspiegel". Seine wissenschaftliche Arbeit war von der journalistischen nicht grundsätzlich getrennt. In der Presse musste man sich kürzer fassen, durfte subjektiv reagieren und musste sich pointiert ausdrücken. Das alles traf auch auf die Bücher zu, die er schrieb, nur dass er dort ausführlicher sein, behaglicher argumentieren und detailreicher erzählen durfte.

In die anderen Genres brachte er sich genauso als Person ein: in die Ausstellungsmacherei, die Muthesius oder Mendelsohn zugute kam, in die Lehre. Einer vergleichbaren Popularität, wie sie dem kleinen, gebrechlich wirkenden Mann bei seinen architekturhistorischen Vorlesungen und Vorträgen entgegengebracht wurde, konnte und kann sich keiner seiner Kollegen oder Nachfolger erfreuen. Hinter den Pulten, die immer viel zu mächtig für ihn wirkten, schlug er mit seiner leisen Stimme große Säle in Bann. Lampenfieber hatte er, der vor so vielen Auditorien in Deutsch oder Englisch gesprochen hatte, zeit seines Lebens. Gemerkt hat es niemand. Das wahrscheinlich größte Opfer, das er der Öffentlichkeit brachte, war die Last der Organisation, die er als Vorsitzender des Deutschen Werkbunds auf sich nahm. Es waren vier schwierige Jahre, in denen sich politische Fronten auftaten und Landesverbände selbstständig machten.

In den Journalen ist Architektur heute weit mehr ein Thema als vierzig oder dreißig Jahre zuvor. Eberhard Schulz in der „Frankfurter Allgemeinen Zeitung", Hermann Funke und nach ihm Manfred Sack in „Die Zeit" oder Peter M. Bode in der „Süddeutschen Zeitung" waren in den sechziger und frühen siebziger Jahren einsame Rufer in der Bleiwüste. Dass sich ihnen überhaupt die Zeitungsspalten öffneten, musste bereits als Fortschritt gelten. Heute halten sich viele Medien brillante Federn, hinreißende Formulierer, flinke Assoziierer, souveräne Metaphernkünstler. Sie kennen sich überall aus, in Geschichte wie Gegenwart, in den E- wie U-Künsten. Sie reisen nicht nur nach Bielefeld (wie einst Julius Posener, um eine eingehende Beschreibung des damals neuen Universitätsgebäudes zu verfassen), sondern schauen auch rasch in Stockholm oder Los Angeles, in Shenzen oder Santiago di Compostela nach, was sich dort Neues getan hat. Gegenüber den Posener-Jahren scheinen die Reiseetats der Redaktionen beträchtlich angewachsen zu sein.

Die Kollegen von heute haben Stories, aber haben sie auch Themen? Posener hatte welche, eine begrenzte Palette von Themen, zugegeben, denen er umso beharrlicher nachging. Bei ihm wusste man, wo er stand. Bauen war für ihn nicht ein Stil, sondern die gewachsene Lebensform einer Kultur. So wie er selbst zu erzählen liebte, so forderte er auch von der Architektur die Erzählung. Episches Bauen sollte Geschichten von seiner Entstehung mitteilen, von der Gesellschaft, aus der es kam, von den Bedingungen, die es formten, von den Benutzern, die Bauten und Dinge gebrauchten. Seine Architekturkritik und seine Architekturgeschichte waren Nacherzählungen von Erzählungen. Kultur bedeutete für ihn die Übereinstimmung der Leute mit den Dingen, die sie umgaben. Das war meilenweit entfernt vom Design temporärer Zeichen, kurzfristiger Signale, vorübergehender Geschmacksanwandlungen. Immer wieder hat ihn der Unterschied zwischen Gegenstand und Apparat beschäftigt. Er pries die Vertraulichkeit des Umgangs mit den Dingen, die man von Kindheit an kannte, die sicher an ihrem Platz

standen und deshalb Sicherheit vermittelten. Am liebsten wäre ihm gewesen, wenn zumindest die Geräte, die den Menschen nahe sind, von Hand gemacht wären. Aber wie sollte dieser gelassene Umgang mit der Umgebung in einer technischen Kultur möglich sein, wo die Arbeitsweise fast aller Dienstleistungen unsichtbar geworden ist? Er fand es nett, dass wenigstens Waschmaschinen und Backherde ein Loch zum Reingucken aufweisen.
Von den Architekturschreibern forderte er (und leistete es selbst): politisches Verhalten. Auf der einen Seite müssten sie das Optimum verlangen und das sei immer etwas mehr als das, was unter den obwaltenden Bedingungen freiwillig gewährt werde. Auf der anderen Seite müssten sie in Erfahrung bringen, was denn die Verplanten für ihr Optimum hielten. Was nicht ausschlösse, dass man sie auffordern müsse, ihr Optimum zu überschreiten. „Denn die so genannten kleinen Leute sind schüchtern, sie nehmen ihre Unterdrückung an. Um es mit einem Wort zu sagen: der Architekt hat eine politische Aufgabe."
Wer erhebt heute noch solche Forderungen? Vieux jeu, werden die meisten sagen. Für Julius Posener waren sie kein überholtes Spiel. Architektur, die der Gegenwart und den Bedürfnissen ihrer Bewohner gerecht wird, enthielt in seinen Augen ein Stück Utopie, ein vorwegnehmend postuliertes Glück. In jenem hellen, modernen, im Garten gelegenen Haus seiner Kindheit, das die Eltern gebaut hatten, war es ihm begegnet, zugänglich nur für die Wenigen, Begüterten; und erst recht in jenem Haus, in dem der Architekturstudent Posener Tee getrunken und den Brahmsliedern der Frau Muthesius gelauscht hatte.

Wolfgang Pehnt ist Professor für Architekturgeschichte an der Ruhr-Universität Bochum. Mitglied der Akademie der Künste, Berlin und der Bayerischen Akademie der Schönen Künste, München. Lebt in Köln. Zahlreiche Veröffentlichungen zur Architekturgeschichte des 19. und 20. Jahrhunderts, darunter „Die Architektur des Expressionismus" (erweiterte Neuauflage 1998) und Monografien über Rudolf Schwarz (1997), Karljosef Schattner (erweiterte Neuauflage 1999), Gottfried Böhm (1999).

Hermann Muthesius mit seiner Frau Anna in ihre

Muthesius, Hermann, 1861–1927, Architekt. Fül
1896–1903 an der Deutschen Botschaft in Lond
werbekunst seit den Reformen durch John Rusk
für Kunstgwerbeschulen im preußischen Innenm

n Haus „The Priory" in Hammersmith, 1896

end an der Gründung des DWB beteiligt. Hatte
n Gelegenheit, englische Architektur und Ge-
und William Morris zu studieren. War Referent
nisterium. Zahlreiche Publikationen.

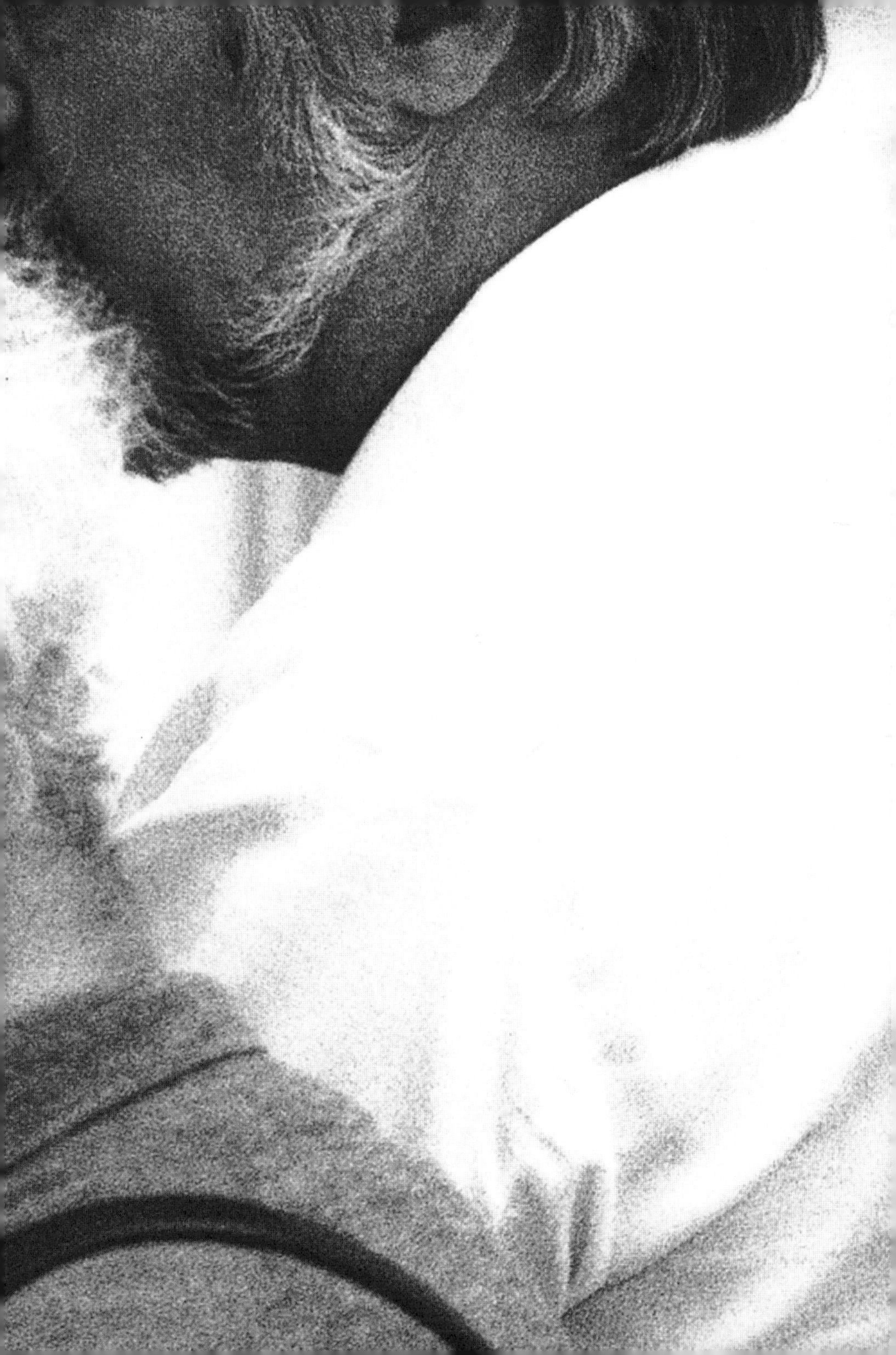

Impressum

Friedrich-Wilhelm-Platz 2
12161 Berlin
fon +49 30.85 07 44 40
fax +49 30.85 07 44 41
info@regioverlagberlin.de
www.regioverlagberlin.de

Herausgeber:	Deutscher Werkbund Berlin e. V. www.werkbund-berlin.de
Redaktion:	Jan R. Krause
Grafik und Layout:	Rudolf J. Schmitt
Herstellung:	typossatz GmbH Berlin

Bildnachweis: Für den Umschlag wurde das Bild von Klaus Behnken zu Posener: Unterwegs „Den Werkbundabstand halten" aus werkundzeit 1/1985 verwendet. Aus dem „Posener Nachlass", Archiv der Akademie der Künste Berlin, Redaktionsbureau der Architecture d'Aujourd'hui, Architecte Jules Posener. Von Beiträgen in werkundzeit und werkstadt wurden Fotos von Jockel Baumann, Hans-Theo Wagner, Stefan Schraps, Rudolf J. Schmitt, Landesbildstelle Berlin, Hartmut Topf und David Baltzer übernommen.

ISBN 3-929273-56-X